U0659981

21世纪
电子商务物流管理
与新技术研究

郭海佳 著

中国水利水电出版社
www.waterpub.com.cn
·北京·

内 容 提 要

电子商务物流是我国物流产业发展的一个新方向,并在信息技术的支撑下持续发展下去。透彻研究这个问题,对于指导我国电子商务物流发展来说具有重要的意义。本书在内容上主要安排电子商务物流总论以及运作模式、作业管理、服务与成本管理、信息管理和新技术应用六个方面。总体上思路清晰、逻辑连贯,具有一定的可读性。本书适用于电子商务管理人员以及相关学者使用。

图书在版编目(CIP)数据

21世纪电子商务物流管理与新技术研究 / 郭海佳著
. —北京:中国水利水电出版社,2017.3(2022.9重印)
ISBN 978-7-5170-5194-7

Ⅰ. ①2… Ⅱ. ①郭… Ⅲ. ①电子商务－物流管理－研究 Ⅳ. ①F713.36②F252.1

中国版本图书馆 CIP 数据核字(2017)第 030810 号

责任编辑:杨庆川 陈 洁 封面设计:崔 蕾

书 名	21世纪电子商务物流管理与新技术研究 21SHIJI DIANZI SHANGWU WULIU GUANLI YU XIN JISHU YANJIU
作 者	郭海佳 著
出版发行	中国水利水电出版社
	(北京市海淀区玉渊潭南路 1 号 D 座 100038)
	网址:www.waterpub.com.cn
	E-mail:mchannel@263.net(万水)
	sales@mwr.gov.cn
	电话:(010)68545888(营销中心)、82562819（万水）
经 售	全国各地新华书店和相关出版物销售网点
排 版	北京鑫海胜蓝数码科技有限公司
印 刷	天津光之彩印刷有限公司
规 格	170mm×240mm 16 开本 16.5 印张 214 千字
版 次	2017年4月第1版 2022年9月第2次印刷
印 数	2001-3001册
定 价	49.50 元

前　言

21世纪经济全球化、市场国际化发展的整体形势,给我国社会经济带来了前所未有的发展。2014年,为顺应市场发展需求,中央政府组织开发和试行中国自由贸易区,并通过一系列的深化改革措施,进一步扩大了我国自由贸易区的范围。通过这一举措,我国社会经济全球化将会取得更为深化的发展。而物流作为经济贸易过程中必不可少的环节,近年来也取得了全面、快速的发展。通过先进的组织方式和管理技术,现代物流已经成为经济发展的"第三利润源泉"。

把握21世纪经济发展节奏,发展既能适应中国特色,又能与世界经济接轨的现代物流产业,是我国现代物流学科研究的重点。就目前情况来看,我国现代物流产业还处在形成和建设之中,需要探讨和研究的理论与实践问题还很多。为此,特撰写了《21世纪电子商务物流管理与新技术研究》一书,其目的是通过对先进物流管理理念,合理、有效的物流战略与规划,以及科学的物流技术手段等方面的详细研究,来帮助读者对物流学科有一个全面深入的认识,并进一步为物流管理理论与实践研究打下良好的基础。

本书共六章,以物流管理为主要研究对象,对我国21世纪物流产业展开了详细的研究。其中,第一章为电子商务与现代物流总论,对电子商务和现代物流进行了总体性的论述;第二章为电子商务物流运作模式研究,对现有的企业物流模式以及企业选择何种物流模式进行了论述;第三章为电子商务物流的作业管理,主要对采购、运输、装卸、仓储、包装、配送做了研究;第四章对电子商务物流的服务与成本管理之间的关系作了分析与研究;第五章研究了电子商务物流的信息技术分析与管理的内容;第六章对支撑电子商务物流发展的新技术——大数据做了分析和探索。

　　总体来看,全书内容丰富、深入浅出、语言简练易懂。同时通过收集、分析、研究国内外物流领域的先进研究成果,充分体现出了本书的知识性、系统性、针对性、实用性以及探索性等特点。并结合最新发展趋势,增强了全书的时代性和前沿性。

　　本书在撰写过程中,参考了许多学者专家的著作和研究成果,在此对他们的辛勤劳动深表敬意。另外,受时间和水平所限,书中难免会出现一些遗漏和不足之处,敬请广大读者批评指正,以便逐步完善。

作　者

2016 年 8 月

目　录

第一章　电子商务与现代物流总论

科学技术的飞速发展,全球经济一体化的进程加快使物流产业逐渐成为我国 21 世纪的重要产业和国民经济新的增长点。网络经济环境下电子商务的发展,对物流提出了新的要求,使现代物流呈现出信息化、自动化、智能化以及柔性化的特点,因此,如何适应电子商务环境下客户快速变化的需求,是电子商务给物流管理者带来的新课题。

第一节　电子商务的概念、特征与技术研究

一、电子商务的概念

电子商务(E. Business)就是企业"商务整合"。这是一种全新的商业模式,是一种全新的业务流程,电子商务将现代的企业商务策略与 IT 技术整合起来的一种全新组织构架。[①] 传统企业电子商务化的过程,得益于万维网和信息技术的发展,传统商务向电子商务转型的过程,就是结合了网络的标准性、连通性以及简洁性等特点,这是企业业务的核心流程。因此,电子商务又被称作是电子化企业。

电子商务强调的是企业的电子化过程,注重的是对企业电子化过程中所出现的多种问题进行的研究。企业在电子化过程中,会出现一系列的问题。例如,电子化的过程中,会存在线上线下

---

① 孙义,方真. 电子商务[M]. 北京:北京大学出版社,2010,第 3 页.

的不断交流,与顾客的不断沟通,因此会存在客户的关系管理问题以及供应链的管理问题。除此之外,由于企业运营的大环境发生了变化,因此,会存在一些资源规划上的调整以及与知识管理相关的问题。

二、电子商务的特征

(一)网络依赖性

电子商务具有极高的网络依赖性。网上广告、网上销售、网上洽谈、网上订货、网上支付、网上服务等电子商务的所有活动都依赖于计算机网络。特别是目前基于 Internet 的电子商务,在没有计算机网络支持的情况下,电子商务将难以进行。

(二)成本低廉性

在传统商务模式下,实体店铺销售需要大量的人力、物力、财力支撑。而在电子商务模式下,可以实现无店铺销售,消费者只要使用计算机进行浏览,就可以从网上的虚拟商店中选购所需要的各种商品,通过网上支付,实现交易。还有一个好处是,电子商务能够最大限度地降低库存,销售方通过网络可将订货信息实时地传递给生产厂家,以保证生产厂家及时供货,从而可以减少经济活动中的人力、物力、财力的开销,降低经营成本。

(三)通信快捷性

在传统商务贸易模式下,商务往来依赖于人,通过信件、电话和传真来传递信息,中间的各个环节都需要大量人力、物力、财力的支持,甚至有时由于人员合作和工作时间的问题会延误传输时间,失去最佳商机。而电子商务采用计算机网络来传递商务信息,将贸易中的商业报文标准化,使商业报文能在世界各地瞬间完成传递与计算机自动处理,将原料采购、产品生产、需求与销售、银行汇兑、保险、货物托运及申报等过程,在无须人员干预的情况下,在最短的时间内完成。它克服了传统贸易方式费用高、易出错、处理速度慢等缺点,极大地缩短了交易时间,使整个交易更快捷、方便,并且节约了人力资源。

(四)系统集成性

电子商务是一门综合性、集成性的技术,它将涉及计算机技术、通信技术、网络技术、多媒体技术以及商业、银行业、金融业、物流业、法律、税务、海关等众多领域,各种技术、部门、功能的综合与集成是电子商务的一个重要特征。

(五)广泛地域性

基于 Internet 的电子商务可以实现超时空联系,跨越地域的限制成为全球性的商务活动。互联网本身就是一个没有国界的虚拟世界,电子商务使跨国大公司、中小企业之间经济往来频繁,有利于更多商机的开发。

三、电子商务的功能

(一)广告宣传

电子商务具有自身的特定优势,可以利用网页和电子邮件为企业进行全球范围内的广告宣传,通过在网上进行信息的发布,其能够将企业的形象传播到用户和消费者的视野中,他们可以通过浏览器寻找到自己需要的商品。与其他形式的广告相比,这种网络上的广告成本非常低,但是顾客能够从中获取的信息量是十分巨大并且十分详细的。

(二)咨询洽谈

电子商务可以借助网络进行各种咨询洽谈,这样就能对商品和市场有更多的了解,如果有进一步的需求,可以直接通过视频来进行交流,通往网络进行咨询和洽谈,摆脱了面对面的限制,使异地交谈的形式更加的多样化。

(三)网上订购

电子商务通过 Web 中的电子邮件或表单交互传输实现网上订购。网上订购不仅方便快捷,而且在价格方面还有一定的折扣,客户的订购信息也会被保密。

(四)物流服务

尽快将货物送到已付款的客户手中是非常重要的。在电子商务过程中,信息流、资金流和商流等一切活动都可以在网上完成。但是,有些有形的商品是无法直接传递到客户手中的,所以需要提供物流服务,将商品尽快送到消费者的手中。对于一些无形的商品,如软件、电子读物、信息服务等还是可以直接通过网络进行发送的。

(五)意见咨询

对于一些意见的咨询在电子商务过程中操作起来是非常方便的,可以在网页上设置"选择""填空"收集客户的意见,从而根据客户意见改善产品和服务,并且可以从中发现新的商业机会。

(六)业务管理

企业的业务管理涉及多个方面,人、财、物都包含其中,其需要调节企业与企业之间、企业与消费者之间的关系。因此,只要是商务活动的管理,在电子商务中都有所涉及。

四、电子商务的技术基础

(一)计算机网络技术

1. 计算机网络产生的背景

1946 年,世界上第一台计算机诞生,但是此时的计算机技术并不是独立工作的,也没有与通信技术有直接的联系。直至 20 世纪 50 年代初,美国军方出于实践需要,开始进行计算机与通信技术结合的尝试。20 世纪 60 年代,美国航空公司建成了一个航空订票系统,这一系统是由一台计算机与分布在全美的 2000 多个终端组成的,这一系统就是典型的计算机通信网络。

2. 计算机网络的定义

计算机网络,就是将处于不同地理位置的、功能各不相同的计算机系统,利用通信设备和线路将之联系起来,并使用一些功能完善的网络软件来实现网络中的资源共享,进而最终完成信息传递的一种系统。

最简单的网络就是两台计算机互连(图 1-1)。

图 1-1　两台计算机互连

复杂的计算机网络则可将全世界的计算机连在一起(图 1-2)。

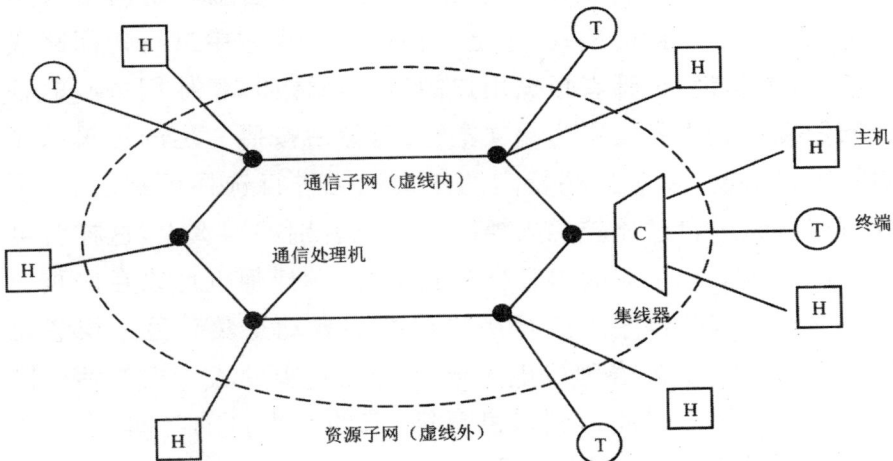

图 1-2　复杂的计算机网络

3. 计算机网络的特点

（1）开放性

计算机网络是一个开放的大系统，它突破了时空的限制，任何用户都可以随时随地加入计算机网络系统。计算机网络系统的信息流通是自由的，网络的运作是由使用者相互协调来决定的，网络的每个用户都是平等的，这种开放性使网络用户不存在是与否的限制，只要入网便是用户。

（2）平等性

在计算机网络系统中，用户没有级别的高低，是不分等级的。无论他是哪个阶层，无论他是哪个团体，只要是入网用户，就都是一律平等的。

（3）低廉性

在市场经济条件下，网络服务供应商（ISP）一般采用低价策略占领市场，使用户支付的通信费和网络使用费等大为降低，增加了网络的吸引力。网络上大部分的信息和资源都是免费的，大多不计时间长短。

（4）交互性

这里的交互性包括两个方面的含义。一层意思是网络采用的是"人—机"对话的模式，这是一种提前在程序中进行访问路线的模式，就是说，设计者根据用户的需求与体验，将他们关心的各种问题和相关内容设定为超文本链接，然后按照一定的逻辑顺序对其进行编制，在对这些特定的图文标志进行选择识别之后，用户可以跳跃到自己比较感兴趣的内容或者别的网页上，这样就可以了解到他们想了解的内容。与此同时，设计师也可以在网页上设置通用的网关程序来进行用户数据的自动采集。另一层意思是网络通过电子公告牌或电子邮件实现异步的人—机对话。网络用户可以第一时间得到信息反馈，节约了大量的时间，省去了大量的中间环节。在计算机网络中，信息的流动和交互是双向式的，信息沟通双方可以平等地与另一方进行交互，及时得到所需信息。

(二) Internet 技术

从网络通信技术的观点来看,Internet 是一个以 TCP/TP 协议为基础,连接各个国家、部门、机构等计算机网络的数据通信网。

从信息资源的观点来看,Internet 是一个数据资源网,集合了各个部门、各个领域以及各种资源的一种可以供用户进行网络共享的一个网站。

1. IP 地址

Internet 中的计算机数量是极其庞大的,为明确识别数万台主计算机的每一台主机,TCP/IP 建立了一套编址方案,就是为每一台不同的主机都分配一个 IP 地址。IP 地址就是每一台主机相互用以区别的代号,所以,每一个主机至少都会有一个 IP 地址,不同的主机 IP 地址一定是不同的,但是一台主机是可以同时拥有多于一个的 IP 地址。IP 地址由网络标识和主机标识组成。网络标识是主机所连接的网络号,相当于电话号码中的局号;主机标识是标识这个网络上的某台主机,相当于电话号码中的电话号(图 1-3)。

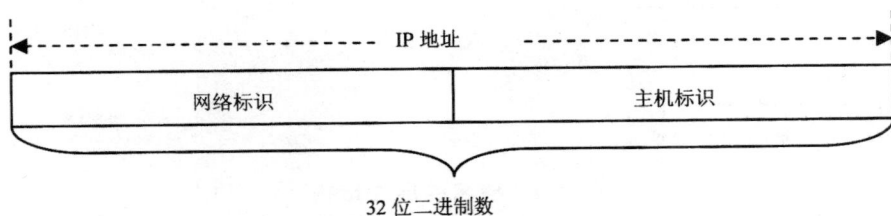

图 1-3 IP 地址

主机必须有自己的 IP 地址,如果一台计算机虽然接入了 Internet,也具备 Internet 的某一些使用功能,但是没有自身的 IP 地址,这样的计算机就不能称之为主机。不论这样的计算机其自身功能有多强大,都只能是作为主机的仿真终端,其作用类似于主机的普通终端。

2. 域名系统

IP 地址由于其数字构成不同,排列组合会有成千上万甚至更多的种类,这不便于用户的记忆和使用,因此,为了方便用户,DNS(Domain Name System)应运而生,这是一种与 IP 地址相对应的一套域名管理系统。在这样的系统中,每一台主机都有一个特定的标准名称,由系统根据其分布将其自动翻译成为 IP 地址,这一翻译过程就是"名称解析",每一台主机的标准名称都会有域名和主机名,并且名称都是由四个部分组成,各部分之间用圆点分隔开,并且这些标准名称的总长度不能超过 254 个字符。

标准名称的命名规则与 IP 地址相反,自右向左越来越小。域名是一个具有层次机构的符号串,每一个层次用"."分隔开,表示主机所在的一个范围,越是在后面的层次,其表示的范围越大(图 1-4)。

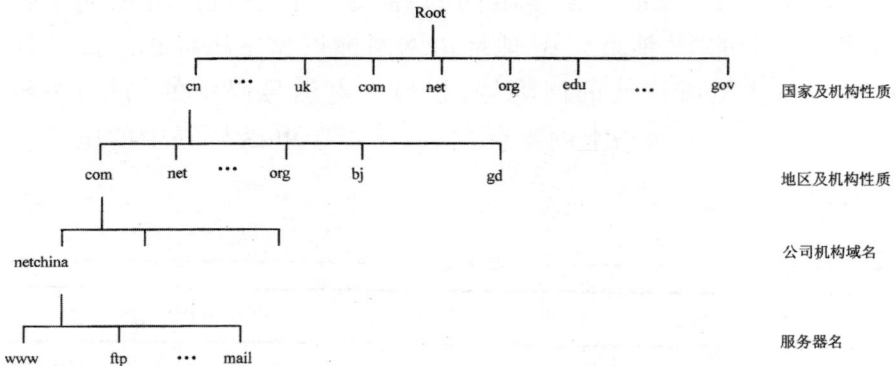

图 1-4 域名的层次结构

在网上,人们可以通过域名来查找入网单位的网络地址。如果选取与自己单位名称、注册商标相一致的域名,就便于别人查找,也与单位平时所做的一系列广告宣传统一起来,有利于形成完整的单位形象。

3. WWW 服务

WWW(World Wide Web)又称万维网,简称 Web,它是由欧洲粒子物理实验室开发的基于超文本方式的信息检索服务工具。WWW 服务是 Internet 最方便与最受欢迎的信息服务类型。WWW 是以超文本标注语言(HTML)与超文本传输协议(HTTP)为基础,能够提供面向服务的、一致的用户界面信息流线系统。WWW 系统的结构采用了客户机、服务器模式,我们通常说的上网正是 Internet 上的用户通过 WWW 服务器上的 HTML 文件来进行的(图 1-5)。

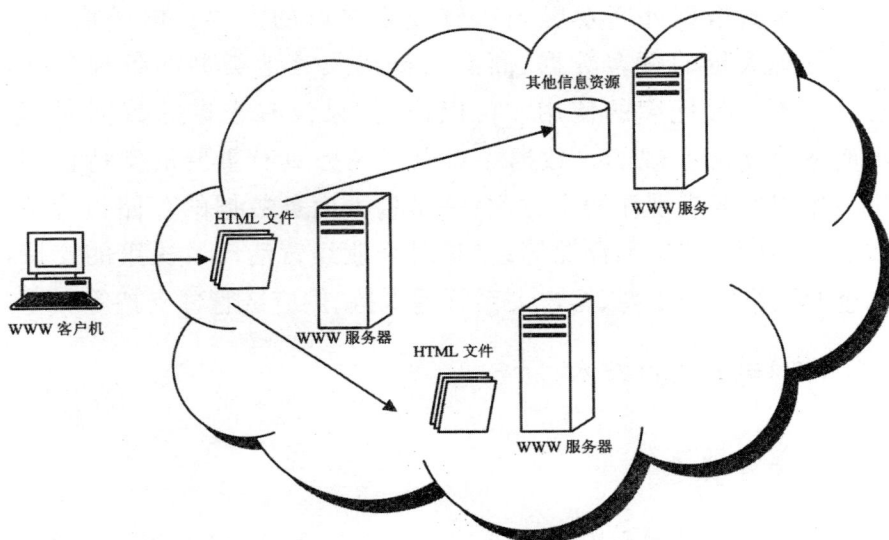

图 1-5 WWW 服务工作示意图

4. URL

Internet 上存储特定信息的地方称为站点。个人或单位的 Web 页或 Web 页的集合通常被称为 Web 站点;可以下载文件的地方叫作 FTP 站点。Internet 上的每一个站点都有一个地址,叫作 URL(Uniform Resource Locator)。

URL 格式的第一部分(://之前的部分)指的是协议,或者信息类型以及信息是如何传输的。URL 的第二部分是主机名。完全限定的地址可以只包括根级域名,如 mygroup. org 或 mycompany. com,或者可以包括处于主机域的计算机名。URL 的第三部分是路径或路径名。路径名与主机名用一个斜杠分开,它自身仍可以包括斜杠,用来表示目录的等级结构,利用它来找到请求资源。

(三)数据库技术

计算机自从诞生以来,就具有数据处理的基本功能,这也是计算机的关键技术。数据管理是数据处理的中心问题,对数据进行分类、组织、编码以及存储和检索等就是数据管理的过程,而数据库技术是数据处理发展到比较成熟之后的产物。电子商务由于要处理大量的顾客数据、商品数据以及其他类型的各种数据,自然少不了数据库的使用。可以说,如果没有先进的数据库,电子商务是无法实现的。数据库对电子商务具有重要的支持作用,这一作用主要表现在两个方面:一是各种商务数据的存储与管理,如查询、分类、编码和存储等;二是对企业经营活动及决策的支持,如企业网络营销支持、客户关系管理支持、供应链管理支持等。

(四)电子支付技术

1. 电子货币

电子货币是随着电子商务的发展而发展起来的,电子商务的实施依据的就是电子货币,可以说,建立电子货币系统对于发展电子商务有着至关重要的作用。

在电子商务的过程中,商品进行生产、交换、分配以及消费的多个过程和环节,都需要使用一种进行资金的传输和资金存储的信用货币,电子货币正是这样一种货币,它不仅贯穿商品生产交易的各个环节,同时还具备了储蓄、信贷以及非现金结算的功能。电子货币包括电子现金、信用卡应用和存款电子划拨三种类型。

电子货币是电子商务出现发展到一定阶段的必然产物,它是依托于计算机技术发展起来的。电子货币不同于传统的纸币,它不存在大小、重量或者印记之间的差异,只是一种单纯作为支付处理和存储的非传统货币。在使用电子货币进行商品货款支付时,这些商品的金额是通过电子数据的形式流通的,或者说,这些相应的金额信息是经由网络系统传送至收款人的指定账户。电子货币的流通支付速度远远高于传统的货币,并且使用电子货币进行商品的支付和计算时,不受到地域、时间以及条件的限制,使用极为简便。

电子货币与传统的货币存在很大不同,其并非是国家强制发行的,并且其流通过程也不是强制进行的,一般是由企业进行宣传引导,在使用的过程中,要注重信息的保密性、数据的安全性,这种借由法定货币来实现商品价值的方式,也为结算商品生产者之间的债权债务关系提供了方便。

2. 网络银行

网络银行又称网上银行、电子银行、虚拟银行、"3A 银行",因为它不受时间、空间限制,能够在任何时间(anytime)、任何地点(anywhere)以任何方式(anyhow)为客户提供金融服务,它实际上是银行在网络上的延伸。用户可以通过网络银行查询账户余额、下载数据、转账、网上支付、网上投资、网上购物、个人理财和其他金融服务等。网络银行具有自己的一些优势特征。

（1）成本大为节约

与传统商业银行相比,网络银行不需具体的营业场所,也不需要纸质的票据、单据及货币,这些都大大节约了网络银行经营和服务的成本,从而降低了客户的交易成本。

（2）简单、灵活、易用

只要具有一般 Internet 基本知识的用户都可以掌握网络银行的操作方法。我们只需要将一台计算机并且能够连接到 Internet,然后根据上网之后网页的显示,按照提示进入自己所需的页面进行业务项目的操作。

（3）服务快捷、高效

网络银行服务可以不受时空的限制，只需要通过上网计算机即可实现全天 24 小时、全年 365 天的不间断营业。网络用户可以在任何时间、任何地方使用网络银行的服务。银行业务的电子化给许多业务都带来了极大的方便，大大缩短了资金的在途时间，提高了资金的利用率，给社会带来了极大的经济效益。

3. 网上支付

电子商务的网上支付是电子交易的当事人使用安全电子支付手段通过 Internet 进行的货币支付或资金流转，它是一种在金融电子支付体系的基础之上发展起来的、主要依托于 Internet 的实时支付方式。

网上支付与网络银行不可分，具有方便、快捷、高效、经济的优势，可以满足电子商务对资金流提出的实时、快捷的要求，而且能实现小额支付。用户只要拥有一台联网的计算机，便可以足不出户，在很短的时间内完成整个支付过程。电子商务的网上支付系统包括活动参与的主体、支付方式以及遵循的支付协议等几部分（图 1-6）。活动参与的主体包括客户、商家、银行和认证中心四个部分。

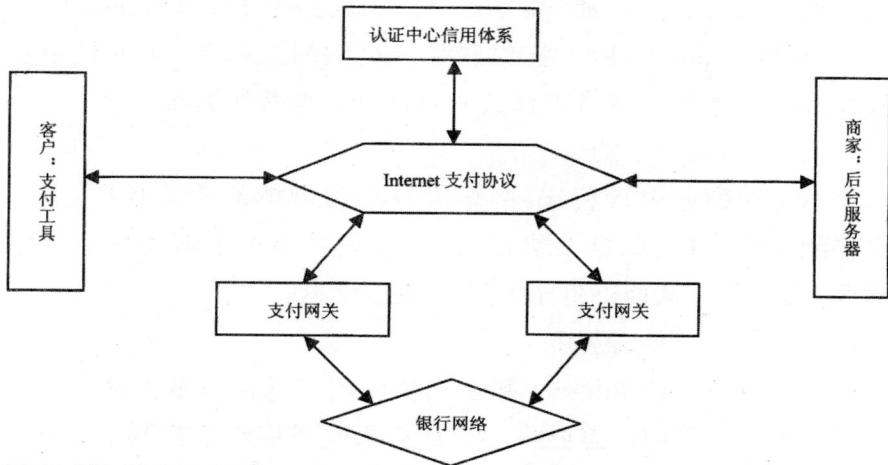

图 1-6 网上支付系统基本构成

五、电子商务的作用

在西方许多发达国家都极为重视电子商务,它能将企业的竞争力大大提高。现代的电子技术和信息手段是电子商务的基础,利用国际互联网在信息传递和资源共享这些方面的特长,能够很大程度的节约成本,获取信息的速度也非常的快,并且还方便企业的管理。电子商务有着诸多方面的积极作用,具体来说有以下几个方面的表现。

(一)降低企业经济活动成本,提高经济效益

在进行电子商务的过程中所使用的都是现代的通信技术和信息手段,是社会的流通价款,使企业的经济活动成本直接降低了。单从成本这一点来看,与传统商务模式相比,它就存在着很大的优势,这就决定了电子商务必将取代传统的商务活动方式,并且电子商务还能继续向前发展。

(二)降低信息的获得成本,改善经营环境

商业信息对于企业而言,是十分重要的获得商业机会的关键。现代电子商务就是在国际互联网的基础上产生的,网络不仅具有共享性的特点,还具有开放性的特点。企业从互联网上获取其经营管理所需要的信息,并且这些信息是全开放的,不受任何地区和国界的限制,与传统的信息获取的方法相比较,这种信息获取的成本非常低。信息获取的成本降低,整个经营成本也会随之降低,使企业的经营环境得到改善。

(三)推动产品创新,带动市场创新

电子商务的创新作用主要表现在两个方面。

(1)对于传统的商业服务和新产品服务在电子商务中已经包含,传统的商业服务是以网络为基础的商品销售。电子商务在之前的基础上进行了产品的创新,包括网络信息服务、网络娱乐以

及网络通信等新产品。

（2）通过对产品进行不断的创新，电子商务推动了整个市场的创新，并且各种新型信息的崛起成为经济增长中的又一股新的重要力量。

（四）提高管理水平，改善管理环境

电子商务是先将信息数据化，然后再对标准的数据进行传输，能够非常有效的改善管理的环境。从微观上来看，企业内部的网络是企业内部信息的成本共享得以实现。每个部门和负责人员都可以通过网络快速接收到有关管理的信息，这使信息在传递的过程中减少了很多层次，传递过程更加扁平多元化，管理成本也逐渐降低，信息传递的效果更加准确，也更为便捷。国际互联网企业能够使外部信息内化，一些重要的商务信息可以在第一时间被管理人员获得，这使决策者在决策的过程中更有效率。

（五）扩大企业影响力，构成企业未来的竞争优势

电子商务就其本身来讲，是一个具有高技术含量的行业，并且这一行业比较具有前瞻性。哪个企业最先采用电子商务，其在同行业的所有企业中间就具有积极进取的良好形象，能够体现出对新事物的快速接受能力，体现出其创新的精神。这对于在消费者心中树立健康、向上的企业形象是十分有利的。

第二节　现代物流管理的形成与主要内容

一、现代物流管理的形成过程

（一）物流活动是随着自然经济的出现而产生

自然经济阶段，又被称为原始产品经济。在这一时期，人类的生产力水平还很低，并且社会组织结构也十分简单，人类劳动

的目的只是为了获取食物满足自身生存的需要,因此这种生产力条件下人类并没有剩余产品用来交换,因而也就不存在商品这个经济概念,在这个时期物流这一概念尚没有产生。但我们应该注意,物流的概念没有产生并不意味着物流活动也不存在,这一时期物流的主要作用和表现形式是物品在空间和时间上的转移,包括物品在以血缘关系为纽带的社会组织内部的分配和储藏,而不涉及物品所有权的转移。严格来说,这并不算完全意义上的物流活动,只能算是语源意义上的物流活动,而不是我们探讨的经济意义上的物流活动。经济意义上的物流活动是伴随商品经济的产生而产生的,商品经济下产生的物流活动已经具备了一定的经济意义和社会意义。

(二)商品经济的产生为物流活动赋予了经济意义

1. 商品经济发展初期对物流活动的影响

随着社会生产力的发展,人类认识自然而后改造自然的能力得到了很大的提高,这时人们从劳动中获得的成果在满足人们需求的同时已经出现了剩余,食物和生存已经不是人类劳动的最终目的,当剩余产品随着生产力的发展成为一种普遍现象以后,人们开始想办法让自己的劳动果实发挥更多的作用。

这时"以己之所有换己之所无"的简单的物物交换方式使人类手中的劳动成果得到了最大限度的利用,人们也感受到了互通有无带来的好处,于是专门媒介物品交换的阶层——商人开始出现,交换的媒介物——货币也逐步形成,商品经济由此萌芽,物流也伴随着商品经济的发展而出现了一定的变化,不过在商品经济发展的初期,物流活动的变化和发展仍然不明显。

随着商品经济的不断发展和成熟,社会分工也来越细致、越来越明确,剩余产品已经不能满足人们对商品交易的需求了,这时出现了专门"为他人而进行的生产"的经济主体——生产商。生产商的出现标志着商品经济的进一步发展成熟,并且商品生产的产生与发展对商品流通提出了新的要求。

起初生产商所进行的商品流通往往是生产者"一地生产,就近销售",物流的巨大作用没有得到开掘。但是,作为流通活动组成部分的物流,已经参与到人们的经济活动中来,人们也已经体会到了物流对商品流通的巨大作用。这一时期,物流所承载的使命也没有真正地实现其经济学价值,因为在这个过程中物流只是完成商品的储存和空间位移的一种手段。商品经济发展的初期由于商品的流通范围狭小,仓储的压力几乎不存在,物流所能发挥的作用也十分有限。

2. 商品经济的逐渐成熟对物流活动的影响

随着商品经济的进一步发展,商品经济的"神奇魔力"逐渐为人们所认识,商品经济也在经济规律的约束下迎来了一个飞速发展的时期。在商品经济逐渐走向成熟的过程中,社会分工进一步深化,社会阶层的分化也迅速加剧,专业化的生产取代了手工生产,生产规模迅速扩大,生产效率极大提高,于是原有的"一地生产,就近销售"的流通模式已经不能满足商品销售的需求。在这种情况下"一地生产,多地销售"的流通模式应运而生,商品经济的发展也迎来了一个发展的黄金时期。

商品经济迅速发展并且不断走向成熟的过程中,由于商品流通的障碍,商品生产者已经无暇顾及商品的销售而将商品销售让渡给专门从事商品流通活动的商人。商人出于自身获利的目的,开始了调剂市场余缺的商品运输活动、"囤积居奇"的商品仓储活动和"水则资舟旱则资车"的商品储运活动。物流活动作为一项专门的经济活动依附于商品流通而产生,并且在商品流通和交易的过程中发挥着重要的作用。这时的物流活动已经具备了最基本的经济学意义,物流活动与商品交易开始成为商品经济的两个不可或缺的要素。

3. 物流活动随商品经济的发展而发展

(1)商品经济的发展促进了物流的繁荣

第一次工业革命的到来拉开了生产力飞速发展的序幕,生产方式的改善、机械生产对社会经济的发展产生了深刻的影响,企业的组织结构、经营模式也发生了革命性的变化。工业革命对社会经济发展的主要影响表现在两个方面。

以机器生产为基础的工厂形式取代了传统的家庭作坊生产和手工工厂生产,企业的生产规模得到了扩大,生产效率极大地提高。

社会分工渗透到产品内部,交换活动也相应地渗透到产品内部,即不仅存在制成品交换,而且出现了零部件的交换。

总之,社会经济的发展方式和发展速度的颠覆性改变,使社会组织结构开始了变革,落后社会制度和生产模式逐渐为人们所抛弃。这一时期,以家庭为社会基本经济结构的农业经济被工业经济所取代,人类的生产与生活对社会生产的依赖空前提高,因此产品需求呈现了几何式的增长,商品流通对物流的需求开始逐渐体现出来,这种需求集中反映在商品生产和商品流通的过程中。

从商品商城角度来看,企业的商品生产日益集中,生产规模也在迅速扩大,生产企业的原材料采购与仓储、调配问题对企业生产的影响越来越大,物流活动的落后与日益增长的物流需求的矛盾开始尖锐起来。

从产品销售的角度来看,在产品的销售过程中,库存与销售对物流的依赖也越来越大,企业需要可靠的物流保障才能保证自己的销售区域内顺利完成整个产品销售活动。

生产企业规模的扩大,也使企业不可能有足够的资金在一定时间内先是生产后是流通,而是按照社会分工将生产前的物流和生产后的物流让渡给其他经济主体,或者成立专门的物资采购部门、商品销售部门从事物流活动,以满足生产的需要。

(2)商品经济的发展拓展了企业商品销售的物流渠道

这一时期的商品交易活动已经具备了比较完整的现代经济要素,从整个商品供销的过程来看,商品生产、商品价值实现、社会再生产中都有商品物流的影子,物流已经成为对整个商品经营体系具有重要影响的经济要素。

从企业产生的原料供给到企业产品的最终配送，都离不开物流的支持与保障。由于市场经济具有极强的开放性，因此各种类型的物流企业纷纷涌现，物流市场的竞争不再局限于企业物流，第三方物流也逐渐成为物流市场的有力竞争者。但是这个时期的第三方物流并不具备真正意义上的现代化物流产业的特点，因此这一时期的第三方物流企业并不是现代化的综合性物流企业。在第三方物流企业的冲击下，企业内部物流和货物运输配送体系也开始发生变化，主要体现在以下两个方面。

第一种是企业通过自身建立的贸易渠道进行的商品直销，其生产和流通的过程如下。

生产企业→销售部门→销售分部门→消费者，在这个销售流程中我们可以看出，企业在产品的销售过程中几乎参与了所有的销售环节，在这种商品流通模式中，商品的运输、存储等物流活动是由企业自己完成或由企业雇佣第三方完成的。

第二种是由中间商建立的贸易渠道进行商品销售，即产地批发→转地批发→销地批发→零售→消费者，每一个中转环节都可以无限延伸，与此相适应，物流活动就变得十分复杂。利用中间商所进行的流通物流是这一时期物流的主要形式，它是流通环节的重要组成部分。

物流活动发展到这一阶段已经具备相当的规模，其形态就是我们在物流概念中讨论的"传统物流"或"狭义物流"。

（三）市场经济导致了物流活动的产业化

1. 物流地位的改变

市场经济是商品经济发展到一定阶段和水平形成的一种经济状态。如果说商品经济注重商品的自由流通和价值规律下的市场资源配置，那么市场经济则更具有开放性，因为市场经济在资源的配置上依靠市场这只"无形的手"，在风险规避、稳定市场秩序上充分利用宏观调控这只"有形的手",二者的相互作用保证了市场经济可以获得最为稳定的发展状态。

在市场经济条件下,企业之间的竞争更加激烈,为了提高企业的竞争力和抗风险能力,很多企业在发展到一定规模的时候就会选择多元化的发展战略,完善自己的产品体系;在竞争压力的影响下,企业会更加注重市场开拓和产品的创新。企业兼并、联合是市场经济优胜劣汰的主要表现,并且在企业发展战略中的地位与企业业务流程重组相当。物流活动作为现代企业间进行联系和交流的重要纽带,也是企业业务流程重组的重要内容,受到了各种企业的重视和关注,因此有人称企业物流管理为经济领域"未开发的黑暗大陆""第三利润源泉""企业脚下的金矿"等。

2. 企业物流组织结构的变化

从单个企业看,随着科学技术的不断进步,企业生产产品品种和产品种类逐渐增多,涉及的产品市场和销售领域也越来越广阔。由于市场变化的复杂性,如果仅仅依靠本企业完成商品生产、运输、销售等全部过程对企业来说变得越来越困难,因为企业在负责多方面的工作过程中难以对市场的不断变化做出迅速而有效的反应,造成管理上的滞后。

现代企业在经营过程中会根据不同的产品品种和市场形态,分别建立各种集生产、销售为一体,自负盈亏的企业部门,并且每个部门都具有一定程度上的独立性,在经营上自负盈亏。在这个过程中企业只需要将物流、新产品开发等涉及各个部门的活动统一起来进行管理和指挥,从而最大限度上保证企业战略管理的统一性,并且还可以充分激发企业各部门的工作热情。具体做法主要有以下两个方面。

(1)将全企业层次的物流组织合组为企业物流管理总部,或者叫作物流统括部或经营策划办公室等,负责从流通全体来看的物流战略的设立和管理。

（2）将物流现场作业交由各事业部独自开展，增强其独立领导和经营的能力，提高各部门的工作能力。

3. 社会物流产生的变化

从整个社会经济活动看，随着市场竞争的加剧、需求在数量和品种上的扩展，传统的以生产为中心的经营方式已不能满足经济发展的需要，而以满足顾客需求为中心的生产、经营体系发展为整个企业管理活动的目标和标准，这对整个社会的物流活动产生了很大影响。在流通领域，与最终消费者接触的零售业正在取代厂商成为流通过程的主角，以高附加值、低价格为主导的量贩店、折扣店和 24 小时店等新型的零售业的兴起对物流管理提出了新的要求，即为了实现低价格、便民，从而取得竞争优势，必须做到从厂商到批发商再到零售商的各个阶段企业调达成本的降低，以及各企业内部费用的削减。在这种情况下，物流业的变革体现在以下两方面。

（1）是企业内部物流活动与管理的变革

除了前面已经述及的物流活动在企业运营中地位的改变和组织管理体制的变革外，企业自身物流的作用大为提高，这就使原来交由中间商完成的物流转由企业自己承担。因为物流被作为继节约原材料、提高生产效率之后的"第三利润源泉"之后，随着市场需求的多样化、个性化发展，生产环节、零售环节也发生了相应变化。在生产环节，小批量、柔性化生产逐渐取代大批量、统一规格的产品生产；而在零售环节，便民式商店大量产生，它们根据消费方式、消费结构的改变，逐渐采用了多品种、仓储式折价销售方式，这一方面要求商品成本降低，另一方面要求物流服务将商品直接送达。生产企业在适应这种方式的变革中，不仅领悟到物流对于降低成本的作用，而且感受到销售信息对于生产决策的重要作用，于是大型生产企业逐渐采用自身物流系统以取代中间商的物流系统。这不仅提高了物流活动在企业中的地位，而且使物流成为企业运作的重要一环。又由于物流活动本身的独立性，企业物流逐渐发展为一个独立的运作部门。

（2）是整个社会物流活动与管理的变革

社会物流是指物流的社会化，即企业将物流活动交由第三方进行或者交易与合作的双方或多方共营物流。第三方物流是在市场经济发展到一定水平的条件下出现的一种专门从事产品运输、仓储、配送等服务的经济组织。第三方物流的出现是社会生产力发展、社会分工进一步深化的结果，它顺应了社会经济的发展趋势，是一种先进的经济形式。

在市场经济条件下，由于市场竞争的加剧，企业要保证自身的核心竞争力，这是因为企业在其经营的领域不可能在每一个方面都达到最优，因此维持自身最重要、最具比较优势的核心竞争力是企业在市场经济中生存下去的基本保障。在这种情况下，企业不得不把自己的主要精力放在主营业务的技术和管理创新上，而将附属业务、次要业务以及生产以外的经济活动让渡给其他经济主体。这就导致了目前一些专营物流的物流企业获得了生产、流通企业的青睐而迅速发展起来。

流通领域直接涉及产品的销售，对整个商品交易环节来说都十分重要，因此物流的这种变化迅速在产品的流通领域演变为一种普遍现象，成为一种常态的商品流通形态。美国著名的管理学家彼得·德鲁克曾经说过："在发达的市场经济中，经济权力正迅速从制造商向销售商和零售商转移，这不仅提高了整个社会物流业的地位，而且使物流业在组织结构上发生了改变。"

物流业作为一个独立的产业对商品的流通、原材料的引进具有重要的作用，企业通过物流活动的战略管理，并应用先进的供应链管理思想，在第三方物流企业的帮助下，可有效地减少流通过程中的中间环节，大大减少物资流通过程中的损耗，降低企业的经营成本，从而达到提高企业盈利水平的目的。随着物流业的逐渐成熟，传统的推销员、中间会计、仓库仓储员、批发商和货运司机等职位将削减，许多相关职业将消亡。

二、现代物流管理的阶段划分

现代物流管理提出了实现服务优势与成本优势达到平衡,并创造出企业竞争的战略优势的目标。在此目标的促使下,通常可以将现代物流管理分为以下几个阶段。

(一)个别管理阶段

在个别管理阶段,物流并没有形成完全的管理意识,所提出的降低成本只是简单的停留在降低运输和保管等环节的成本上,没有做出降低物流总体成本的目标规划。

(二)系统化管理阶段

在系统化管理阶段,现代物流管理通过设立相关管理部门,除了对现场物流作业活动进行管理外,还在企业整体视角上对物流活动进行整合,不断提出各类合理化对策,并予以实践。

(三)领域扩大阶段

物流管理部门在领域扩大阶段能够发挥更加重要的作用,能够为物流活动的合理化向其他部门提出相关建议。但是,在销售竞争非常激烈的情况下物流管理部门所提出的建议在具体实现上有一定限度,一旦物流服务被当作竞争手段的时候,仅仅以物流合理化的观点来要求销售部门提供协助往往不被对方所接受。因为,这时候往往会先考虑到销售,然后才会考虑到物流。

(四)一体化管理阶段

现代物流一体化管理是现代企业发展的重要环节,它可以根据商品的市场销售动向决定商品的生产和采购,以确保企业的生产、采购和销售保持良好的一致性节奏。

企业内物流一体化管理受到关注的背景来自于市场的不透明化。

(五)供应链管理阶段

现代供应链管理是当前物流管理发展的最新成果,企业通过供应链管理能够将整个交易进行整合,并形成较为完整的运营系统。在形成供应商、制造商、批发商、零售商和顾客等共同组成的系统结构基础上,通过科学的物流管理,实现物资运转的时间和服务质量的最优化保证,并由此推进现代物流管理的进一步发展。

三、现代物流管理的基本特征

现代物流业的快速发展,促进了现代供应链管理模式的更新,也使现代物流管理出现了新的趋势。

(一)逐渐从顾客服务向关系管理转变

在以往的物流管理过程中,顾客服务一直是企业管理中的重心,比较重视企业内部之间的整合。这就使许多企业在进行物流管理绩效评价时,多以订单周期速度、供货速度等为指标,出现评价不够全面客观的情况。在现代供应链管理模式下,企业整合的范围更大,之前重视的顾客服务也逐渐开始向维护和管理顾客关系上转变。通过设计增值方案,来为顾客提供定制性的服务。

(二)越来越重视相互的联合

在传统市场发展中,企业与企业之间的利益争夺非常激烈,存在许多对立局面。随着市场发展的进一步深入,在追求更大竞争力的驱动下,在科学的联合、规划、作业手段下,企业形成了完整的供应链体系,有效提升了现代物流通道的整体绩效。

(三)由预测逐渐向终测转变

在传统商品流通模式中,大部分是以预测下游通道的资源来进行物流活动的,这样很难保证预测的准确性,出现了较多浪费商业资源和市场机会的情况。如今,在新兴产业的带动下,物流现代化管理开始趋向于各物流通道之间系统营运和策略信息的及时沟通,了解内部需求和生产资料,以实现无须上游企业提前预测的目的。

这也呈现出了现代物流活动开始从预测为基础逐渐发展为终测为基础的发展趋势。

(四)由经验管理转向权变管理

策略传统企业在很长一段发展过程中,都是采用经验曲线来对其市场竞争趋势、发展策略方法进行分析的长期积累的经验作为进行市场竞争的武器。但在科技日新月异的今天,现代企业已经不能单凭过往经验来谋求未来发展,在复杂多变的市场环境下,需要企业提高对市场变化的敏锐度,形成具有较为活跃创造力的运营模式,在未来发展策略上要保持灵敏的嗅觉和持续权变管理的能力才能获得更加稳定和快速的发展。

(五)由功能整合转向程序整合

如今,现代物流在渠道的竞争上也越来越激烈,企业只有充分认识市场需求,做好市场应变,才能实现长远的发展。通过积极整合各企业部门的运营,建立程序式的物流操作系统,来实现现代物流的特别是现在许多企业的物流活动出现跨企业式发展特点,采用程序式物流管理可以有效提高企业的管理水平。

(六)由垂直整合转向虚拟整合

垂直整合是传统企业常常采用的有效掌握物流通道的整合

方法。但由大量事实证明,一种整合方法在现代经济发展过程中并不适用,甚至会出现分散企业资源、削弱主业的情况。在企业核心能力得到格外关注的今天,许多企业开始将一些非核心业务转交给专业的管理公司来处理,通过构建虚拟企业整合体系,来为企业主体业务腾出更大的发展空间。

(七)由信息独享转向信息共享

现代企业的供应链整合需要企业将相关信息与其他企业进行分享,实现相互促进相互融合的状态。也只有转变以往信息独享的模式,通过企业信息共享,建立有效的供应链物流管理体系。

(八)由技能训练转向知识学习

在可预见的未来,人力是完成物流程序的主力军。然而,物流作业复杂程度的不断增加,使物流主管并不能对所有的物流据点或者是运输网络做到亲自监控,并且随着物流全球化趋势的不断发展,更加使物流人力资源管理方面的复杂度和难度都在不断增加。物流管理的成功需要建立物流从业人员的关键知识能力。而现阶段,在这一点上却是十分不理想的,有待物流企业及专业教育机构付出更多的努力。

四、现代物流管理的重点内容

(一)对现代物流活动过程的职能管理

1. 物流计划管理

物流计划管理是指在整个物流系统规划的约束下,对物流过程中的每个环节都进行科学的计划管理,具体体现在物流系统内各种计划的编制、执行、修正及监督的全过程。

2. 物流组织管理

物流组织管理是指在综合考虑外界环境和自身条件的情况下，遵循分工协作、集权与分权相结合的原则，合理确定管理幅度和管理层次，构建物流管理的组织模式，制定岗位责任制及明确操作流程。

电子商务的发展使产业界和理论界对物流管理重新认识，反映在物流组织机构上，就是从基层的个别活动管理上升到总体的物流系统管理，公司总部由此设立了专门管理物流活动的职能结构，主要有以下几种组织形式。

（1）营业总部物流组织将总部的物流机构重新归并到电子商务专门销售管理部门，把它视为电子商务公司的特有的职能部门，与计划、财务、生产部门维持相对独立性。

（2）物流项目组织因电子商务而产生的物流采用第三方物流模式交给物流专业公司去完成，日常业务物流由物流部门完成，公司总部只在必要时组织项目班子解决与物流有关的重大事项，如第三方物流的招投标。

（3）物流子公司结构将物流活动移交给专业物流公司去进行，总公司和物流公司的关系是母子公司，是控股与被控股的关系。这种模式即可获得物流的"第三利润"，又可使公司专心从事电子商务，但需要商务本身具有一定规模。

（4）储运物流组织这种模式是将过去物资储运部门进行改组，由储运部门负责电子商务物流的管理。储运物流组织主要适合于一些大型多元化公司，其电子商务业务范围仅仅限于与公司生产经营直接相关的物资供应和产品销售，因而物流组织沿袭原有机构。

（5）产销一体化组织电子商务物流活动延伸到企业供产销、人财物的各个领域，物流对应的组织就是形成产销一体化组织，它不仅是一个部门，而且是物流部门之间形成的系统。这是电子商务发展到高级形态的适用模式。

3. 物流质量管理

这里所讲的物流质量并不是物流某个环节的质量,而是整个物流过程的质量,其不仅包含了物流对象的质量,还包含物流手段、物流方法的质量以及工作质量。物流质量应该是一种全面的质量观,主要是从物流时间、物流费用和物流效率等方面对物流质量进行衡量。

物流质量管理指的是对物品的质量、物流服务的质量、物流工作的质量、物流工程的质量等方面进行管理。将物流质量水平提高,可以很大程度地提高企业的竞争力。

4. 物流成本管理

物流活动的经济效益可以通过物流成本来反映。物流成本管理就是通过运用成本这一手段管理物流活动,通过对物流活动进行管理,实现减低物流费用的目的。换句话来讲,物流成本管理就是指对物流有关的费用进行计划、协调和控制,也包括对物流费用进行计划和控制,包括对物流劳务的价格进行计划和管理,对物流费用进行计划和控制,对物流成本信息进行反馈和决策。

5. 物流服务管理

物流服务管理指的是对于物流相关的服务进行组织和监督,具体来说通过分析顾客对物流活动的反映,从而进一步决策出顾客所需的服务水平。

(二)对物流活动各环节的管理

1. 包装管理

包装管理所涉及的内容主要包括选择和设计包装容器和材料,并对包装的技术和方法进行改进和创新,最终实现包装系列化、标注化、自动化等。

2. 储存管理

储存管理所涉及的内容主要是采取一系列科学合理的措施储存原材料、半成品和成品，并在储存阶段对储存数量进行统计，对库存进行控制，对储存物品进行保管和养护。

3. 运输管理

运输管理涉及的内容主要有运输路线的选择，并根据实际情况决策出运输方式和服务方式，对车辆进行调度和组织等。

4. 流通加工管理

流通加工管理所涉及的内容主要为：对加工场所进行选择，并配置好所需要的机器，及时对加工的技术和方法进行改进和创新，最终不断优化加工的作业流程。

5. 装卸搬运管理

装卸搬运管理所涉及的内容主要包括设计装卸搬运作业、组织作业、设备规划与配置等。

6. 配送管理

配送管理所涉及的内容主要包括对于物流配送中心的地址进行选择并根据最优化原则合理布局，制定并不断优化配送作业流程，合理的配置与调度配送机器。

(三)对物流系统各要素的管理

1. 人的管理

在物流系统和物流活动中最为活跃的因素就是人，对人的管理主要有选拔和录用物流从业人员，对物流专业人员进行培训和提高，制定物流教育和物流人才培养计划和措施。

2. 物的管理

物流活动的客体就是"物",就是物质实体。从物流活动开始到结束,都需要对"物"进行管理,在物流的各个环节对其都有所涉及,即物质实体的运输、储存、包装、流通、加工等。

3. 财的管理

财的管理主要指的是将物流成本降低、将经济效益提高等方面的内容,物流管理的出发点就是财的管理,并且它还是物流管理的最终归宿。它的主要内容有计算和控制物流成本,建立物流指标体系,合理地筹措资金和运用资金,想方设法提高物流的经济效益。

4. 设备管理

设备管理的主要内容有对物流设施进行规划、设置和维修,对各种设备进行选择和优化配置,使各种设备能够合理地使用和更新改造,同时还要研制、开发和引进各种设备。

5. 技术管理

技术管理主要包括两个方面,即物流硬技术的管理和物流软技术的管理。对物流基础设施和设备的管理就是物流硬件管理。研究、推广和普及物流技术,开展物流科学研究工作等就是物流软件工作管理。

6. 信息管理

信息管理主要是指对物流信息所进行的搜集、加工、处理、存储和传输等。物流系统的神经中枢就是信息系统,只有对物流信息进行及时的处理和有效的传输,才能对系统内部的人、财、物、设备和方法等要素进行有效的管理。目前,在现代企业物流之中信息变得越来越重要。

第三节 电子商务与物流之间的关系

电子商务与物流之间的关系是相互的。电子商务能够实现跨越式的发展,物流企业功不可没。而物流企业能够从幕后走向台前,与电子商务技术在全社会的广泛推广有着紧密的关系。从如今信息技术的发展趋势来看,物流信息技术将使电子商务与物流结合得更加紧密。

一、电子商务发展需要物流作为支撑

21 世纪前十年商业领域最大的变革当属电子商务。电子商务像杠杆一样撬动了传统产业和新兴产业,而物流则是电子商务这支杠杆的一个重要支点。

物流业的作用是不必怀疑的。人们用了几乎一个世纪的时间探索现代物流业的发展,但是放在电子商务上,还有不少可以探索的空间。在电子商务的成长期,人们对传统物流的认识发生了根本性的变革,认识到新型物流发展的必要性以及其在电子商务之中的重要地位。物流的成功与否直接关系到客户对电子商务产品的体验,进而影响到电子商务产品的经济价值。因为物流是现代电子商务产品与服务中"以顾客为中心"理念的重要保障,缺少现代电子物流技术,电子商务给人们带来的便捷最终将趋近于零。

(一)现代物流提升电子商务产品与服务的客户体验

现代电子商务的出现,对于消费者来说,其最大的价值在于能够足不出户享受到商家提供的便利。消费者只需在家中,通过一台电子商务信息终端便可尽览天下商品,查看、挑选、购物,简单的鼠标点击就可实现。

如此优越的电子商务产品或服务的体验最终还需要物流技术作为支撑。现代物流技术实现了人们购物之后的环节。在购物之后,商家通过快捷和卓越的物流服务解决了消费者对产品的期待。高端的物流服务能够增加客户对电子商务产品的愉悦感受。上午购买、下午送达的快捷物流体验不仅实现了客户对产品的满足感,还免除了客户从实体店购买携带回家的麻烦。

(二)物流保障生产

对于消费者来说,物流的巨大作用在于保障购物体验,而对于生产商来说,物流的巨大作用则在于生产保障。① 生产商要想生产活动顺利进行,就需要有物流的鼎力支持。生产商的整个生产过程都要受到物流额度限制,原材料需要物流支持,设备需要物流支持,配件同样需要物流。通过合理的物流安排,生产商能够将从网络上购来的原材料与配件以较低成本的方式运送到工厂之中,保证生产过程的流动性。生产商不仅需要物流在生产整体上的支持,还需要物流在局部的支持作用。企业内部的物流活动,同样制约着企业的生产。

由此可见,物流活动对于生产商电子商务活动具有明显的制约作用。生产商通过 B2B 的电子商务模式参与到电子商务之中。其生产活动本质上是与其生产计划和销售计划紧密联系的。如果物流服务不能够按照生产商预想的方式融入生产计划之中,对于生产商来说,其影响无疑是灾难性的。在电子商务活动之中,生产商不仅需要和供应商协商好,还要和物流商链接起来。

(三)物流服务于商流

在商流活动的过程之中,商品所有权从供应方转移到需求方的标志是购销合同的签订,但是商品并没有发生位移。传统交易中,除了期货交易以外,一般情况是商流和物流紧密联系起来,供

---

① 李海刚. 电子商务物流与供应链管理[M]. 北京:北京大学出版社,2014,第86页.

应方需要按照需求方的要求将商品转移。而在电子商务交易系统中,消费者或者采购方通过网站平台直接订购商品,商品的所有权交割完成。然而,商务活动并没有结束,供应商还需要按照消费者或者采购方的要求完成物品的转移。物流和商流并不是同时完成,需要根据商流的要求完成整个交割过程。

从以上论述中可以得知,电子商务活动中物流的作用十分明显。要实现电子商务活动的跨越式发展,必须实现物流活动的跨越式发展。只有这样,电子商务活动才能取得进一步拓展。

二、电子商务对新时代企业物流系统的影响

(一)对企业物流理念的影响

从现代电子商务概念的发展来看,电子商务的模式正在以不同的形式实现自身的丰富。电子商务模式丰富的同时也引起了电子商务企业更加激烈的竞争。这一环节对于支撑它发展的物流企业来说无疑是一种激励。从企业的物流理念上来说,电子商务企业的影响主要体现在以下几个方面。

第一,整个供应链环境是物流信息系统得以运行的基础。电子商务为物流企业的发展提供了平台。物流企业需要帮助供应商做好产品供应,实现物流和消费、生产的一体化。在这一要求下,物流企业发展的根本就是供应链环境。依靠供应链环境,建立一个完善的信息系统,是所有企业共同努力的方向。

第二,物流企业竞争的特征是依据电子商务系统建立的企业联盟网络竞争。物流企业经常与客户联盟,在为客户提供优良物流服务的同时,铺开自己的业务网络。从消费者的观点看,物流企业之间竞争的外在形态是物流企业与电子商务企业联合而形成的联盟竞争。优良的产品加上便捷的物流是物流企业和电子商务企业联盟的核心。形成一个可靠的联盟网络,物流企业才能形成一个有效的竞争体系,在激烈的竞争中生存下来。

第三,电子商务企业能够帮助物流企业整合更多的资源,帮助物流企业构建更加庞大的资源体系。现代企业竞争已经从过去拥有资源竞争的模式转变为现在整合资源竞争的模式。企业不必拥有资源的所有权,只需使用权即可。

第四,电子商务企业的长项在于收集物流系统的信息,这是物流企业发展个性化服务的下一个重要方向。电子商务企业通过互联网终端实现信息收集,将其提供给物流企业。物流企业可以向消费者提供个性化服务,例如,什么时间、什么地点、何种包装送到什么人手中。

(二)对物流系统结构的影响

1. 压缩物流纵向结构

随着制造商逐渐脱离电商平台建立自己的电子商务网站,电子商务企业对于物流结构的要求变得更高。企业开始脱离传统的批发商和零售商的环节,由经理直接委托物流企业开展客户产品服务。传统的物流结构从原来的企业—批发商—零售商—消费者转变成为企业—消费者的模式。

2. 需求压缩物流配送时间

在原有物流结构下,产品从企业到客户手中要经过几个月甚至更长。在新的物流结构下,产品从企业到客户手中则只需要几天。企业—消费者的这种模式中,消费者对物流的心理预期较高。消费者往往都有一个心理,在下单之后能够马上见到实物,否则他会感到失望。在这种要求下,企业非常注重物流效率的提高,以此提升用户体验。例如,京东将自营产品的物流运输时间压缩在一天之内,逆向物流 5 小时上门取件;天猫建设的物流系统则打出了上午下单下午取件的广告标语。这一切都需要电子商务企业优化物流运输系统,满足客户对物流服务高标准化的要求。

3. 物流系统与产品系统的同质化

我国建设了很大规模的电讯基础设施,这为电子商务企业开展产品服务提供了方便。一些数字化的文化产品已经逐渐将物流系统略去,其建设的网络就是产品物流。亚马逊电子阅读器,产品销售已经将物流这一环节略去,百度也推出了高品质音乐电子产品。人们消费文化产品已经逐渐不需要物质产品,物流自然就会略去。在不久的将来,能够同质化的产品范围将会更大。

(三)对客户服务的影响

1. 与客户的即时互动

在新颖的网站主页上,客户不仅能够浏览企业的产品,还能够对企业产品的功能与设计提出意见,对产品的后续服务展开一对一的交流。在小米手机第三代和第四代产品的设计中,小米手机俱乐部成员(网络上通常称之为"米粉")对小米手机的设计提出了自己的见解,小米手机的进步和亲民形象也就树立起来。同时,物流企业也能够建立类似的口碑营销体系,完善自己原有的物流模式,实现企业的进一步发展。

2. 客户服务个性化

电子商务在压缩物品交易过程之时,还提升了用户对产品的渴望。个性化的用户服务已经成为企业新时代的商机。首先,企业网站设计要能够跟上潮流。企业网站并不简单是物品陈列柜,更是商品广告的集中地。精良与个性化的网站设计能够给客户以很深的印象。各个大型电子服务商的网站设计虽然在结构上有一定的相似点,但是不论哪一个网站设计上都突出了网站推广的主题,将当季潮流的商品放在网站显眼的位置,突出电子商务企业的个性。其次,电子商务产品或服务要突出个性化。个性化服务在要求网站经营综合化的前提下,突出其专业化。企业只有专业化经营，方能突出其资源配置的优势，为向客户提供更细致、更全面、更为个性化的服务提供保证。京东在起家的时候将企业定位于电子产品销售，携程旅游则将企业定位在旅游服务，当当网销售的时候是一个图书发行商。这些案例无疑说明了专业化是企业生存的基点。最后，企业客户服务的个性化。网络时代虽然是信息经济时代，但仍然是客户服务的时代。当前所有的信息技术都是为了帮助企业更好地服务于客户，无论是当前流行的UI设计，还是企业所寻求的大数据技术，其根本上都是要求企业提供更好的用户体验。信息技术是帮助企业提升用户体验的利器，企业要在这方面加以创新。

(四)对存货的影响

电子商务企业在较广泛层次上增加了物流系统各个环节对市场变化的影响，减少了物流企业的货物存量，节省了物流企业的存货成本。在电子商务技术的帮助下，企业能够对物流系统提出新的要求，在需求配送计划、重新订货计划和自动补货计划方面都重新要求物流企业能够予以配合。从物流的观点看，这些要求实际上是借助于物流信息系统对货物在供应链方面的再分配或者重新安排。通过电子商务技术，物流企业能够更加准确了解到当前物流服务的需求，重新规划物流服务、配送线路和配送时间。因此，对于物流企业来说，存货在整个供应链系统上是逐渐减少的，所有的货物都能够及时奔跑在物流线路上，以更加便捷的方式到达客户手中。例如，对于耐克来说，电子数据交换的方式将成品的一系列数据下放给各个企业，企业再通过数据分解，向不同的厂商下达购货指令。不同厂商几乎在同一时间收到原材料订购指令，陆续安排向企业供货，然后在企业内部组装。在组装之前，耐克公司就已经开始在网络上发布新品的广告，获得订单。新品一旦组装完成即可向用户发货。

互联网金融之中的众筹模式在更为深刻的程度上改变了企业的物流系统。企业只需将自己的产品设计出来，在众筹平台上发布,客户将会以众筹的形式向企业订货。在产品生产出来之前,企业已经获得一大批订单,之后便是边生产边发货的模式。

三、电子商务与现代物流系统的新成果——云物流模式

(一)云计算模式与社会化物流的关系

随着电子信息技术的迅速发展,云计算技术即将成为 IT 行业发展的新宠。在云计算技术的支撑下,社会化物流的模式则逐渐出现在工种的面前,实现了个性化的物流服务。因此,云计算技术和社会化物流两个概念的融合,将为物流行业带来新的巨大变革。

1. 云计算的含义

从云计算的加密技术进行划分,云技术可以划分为三类,分别是公共云、私有云和混合云。其中,公共云是由专门的商业机构所提供,将来自不同用户的计算设置在不同的服务器、存储系统和其他基础设施上,用户则不需要计算来自于具体什么样的计算机上。公共云的运作模式比较开放,加密水平不高,容易造成私人信息泄露,但是其计算能力很强。私有云是指单个用户拥有特定的云设施,控制何种程序可以进行计算,对于运算设备来说有一定的要求。私有云计算技术显然对于加密有一定的要求,各方面运算性能也较高。但是私有云有一个明显的缺陷,那就是运行成本较高,对于社会化物流来说并不合适。混合云是将公共云和私有云结合起来的一种计算技术。混合云可以将要求不高的客户委托给公共云技术,将要求较高的客户委托给私有云。这种技术扩大了客户的覆盖面,比较容易在较大程度上满足不同客户的要求。

2. 社会化物流的含义

社会化物流是指原来的生产厂家之间的订货和采购关系委

托给专业化和社会的物流公司。这些物流公司按照流通和生产企业的要求接受订单,并进行分拣、配货,最终送到各个用户手中。

社会化物流的运送特征主要体现在以下几个方面。

第一,物流运送模块化。现代化物流公司通过大规模的定制提供服务模式,向各个客户提供模块化和标准化的产品,实现生产企业和流通企业之间的快速沟通,便于按照客户的需求重新进行组合。大规模定制(Mass Customization)这种模式是企业适应个性化客户需求所产生的一种新的服务模式。社会化物流则是使用这一模式的一种物流服务模式。

第二,订货和采购服务专业化。专业化的物流企业与生产企业在大规模定制物流服务面前,能够以高效和专业的物流服务快速响应客户的需求。

第三,物流服务网络化运营。社会化物流这一模式远远超越了一个企业可以提供的物流服务范围,需要多个企业通过计算机技术实现网络化运营,一方面降低成本,另一方面则有利于企业实现高标准的物流服务。

第四,物流服务者拥有柔性化的管理能力。企业在大规模定制服务面前要求自身拥有柔性化的服务能力,一方面是为了适应不同客户的要求,另一方面是为了适应社会化物流服务。

伴随着社会经济一体化和企业经营全球化的经济巨变过程,企业所处的社会环境发生了巨大的变化,竞争激烈、迅速变化、客户主导是这个时期的特征。从根本上说仍是巨大变化的商业模式使人们不得不积极控制物流服务的成本,而正是这个原因产生了社会化物流服务。

3. 云计算与社会化物流

云计算与社会化物流的配合将使物流的模式出现新的变化,这是毋庸置疑的,两个概念之间存在着密切的关系。云计算这种开放性的计算方式使整个社会闲置的资源都活跃起来。社会化物流的配送方式为满足客户个性化需求则需要这种资源的支撑。二者之间的相互补充关系使两个技术相互结合起来,互相促进,互相影响。

一方面,作为一种 IT 技术,云计算拥有大量的资源,在云平台上运行的各个用户能够不断降低自己的成本,而且可以为客户提供个性化服务。因此,云计算是一种非常适合于调动各种资源满足客户不同程度需要的社会化物流。云计算为复杂的社会化物流模式降低了成本,提高了运行效率。

另一方面,社会化物流需要大量的数据计算作为支撑。社会化物流要有一定的商务平台作为基础。可想而知,面对如此多的用户以及他们不同的需求,这个平台必须有强大的计算能力作为基础。社会化物流的功能模块运行还需要云计算进行集中式的开发,其面对的是不断改变的物流服务需求。因此,其功能模块必须不断变化。

(二)云物流的概念

随着电子商务运营技术的发展,传统物流模式的适应能力显然捉襟见肘。现代物流配送的需求,必须在新技术的支撑下不断突破,而产生这一变化的结果则是云物流模式。

在激烈的竞争压力下,物流企业要进一步纵深化发展,必须不断提升其规模,获得经济效应。而目前的物流竞争无论在服务平台还是在运作模式方面都有一些问题难以解决。首先,在物流服务模式上,传统的物流联盟模式并没有集中管理这类服务。对于解决当前物流服务的需求来说,存在一定的困难。通过网络链接,将个性化的物流服务转化成为集中管理的物流资源集群,是当今所有物流企业都亟待解决的一个重要问题。这一问题的解决对物流企业的运营以及物流企业成本的节约来说都有一定的作用。其次,在社会化物流压力下,原有的任务分配模式建立在资源共享、任务共担的一种独立系统的基础上,通常是按照客户的需求以固定的模式提供配送服务,不能实现资源供给和需求之间的智能匹配和动态分配的组合。这种现实使现有的物流分配模式的发展受到一定的限制。最后,在物流运送安全问题方面,由于传统模式在利益分配方面存在信息不均衡的问题,各个企业也担心自己的核心数据泄露,而且共同平台在这些因素的影响下形同虚设,严重阻碍了物流配送服务的发展。另外,由于目前的竞争系统使当前的利润空间变得十分稀薄,物流企业对现有的共同配送模式兴趣也不大。这些现状都是造成当前物流系统发展缓慢的原因。

正是由于传统物流模式存在的这些问题,物流服务的革新也就迫不及待。一种中心的服务化计算模式——云计算也就得到了迅速的发展。云计算的核心思想是将大量可利用的网络资源链接起来,形成了统一的管理和调度。在这种思想以及技术的支持下,新的物流模式发展也就不再遥不可及。按需服务、个性化实现,这种传统的社会运作难题也就逐渐拨开云雾见月明了,技术上已经能够实现这些想法,新的物流服务形式已经可以实现。

云物流这种模式是云计算与社会化物流结合起来的,利用了云技术与现有社会物流资源,能够向用户提供结合起来的物流网络服务,是一种新型的物流服务理念。云物流理念能够为节约型社会的建设奠定基础,在动态分配、智能分配上有突破的发展,高效运用了社会资源,降低了社会整体的物流成本。

云物流这种模式是通过云技术实现物流软、硬件资源的组织和整合。通过相配套的物联网技术、嵌入式技术和模块化设计,社会上的物流资源可以很快融入这个网络之中。人们在这个网络里实现物流资源的管理、监控与共享,按需分配物流资源。虚拟化的技术实现了物流配送资源的全国互联与控制。物流资源的转化使人们共享了一个虚拟并动态扩展的虚拟物流服务云体系,在云计算技术的支持下,人们可以自动搜索与匹配物流资源,既保证了自己的数据安全,又满足了物流服务需求。

云物流模式的整体构架是通过物流资源运营者的网络将物流资源提供者的资源接入进来,资源使用者在网络上观察到闲置的物流资源,便可向资源提供者提出需求,实现物流资源的高效利用,一方面降低了物流资源提供者保留物流资源的成本,另一方面则满足了自己个性化的物流需要。

云物流的运营原理云物流思想的提出,为解决复杂的物流问题提供了一个解决方式。在云物流平台上,人们可以迅速观察到物流资源的使用状况,甚至可以对未来几天的资源使用产生一定的预期。人们的观察活泛了人们的物流思路。通过云平台,人们设计出一套符合自己需求的物流配送路线,并结合大数据和物联网技术,人们能够实现自己的各种特殊需求。因此,通过公共的云服务平台,人们能够实现自己的物流选择,满足自己各种物流需求,实现用户随时按需配送,获得安全可靠、优质价廉的物流服务。

(三)云物流模式的特征

从以上对云物流定义的阐述可以理解,云物流是一种面向社会服务的、低耗费且高效的网络化物流运作模式,突破了传统物流概念对物流配送的约束。云物流模式具有以下方面的典型特征。

1. 面向服务与需求的物流模式

传统物流是面向客户的。客户向物流公司提出需求,物流公司向客户提供运送服务。在云物流模式之中,这一特征继续保留下来,只不过其需求范围更广。云计算技术能够帮助客户随时向物流公司提出需求,在云平台上运营的物流公司也随时能够了解到客户的需求,向客户提供服务。因此,可以说,云物流技术解决的重点是随时发生的客户需求。

2. 面向个性化需求与动态的物流模式

云物流模式是一种动态响应的物流服务模式。在这一模式下,物流客户能够随时向客户提出物流需求,并要求合适的物流公司提供特定的物流服务。现代物流模块化运营的模式,其物流服务是物流公司定制的,客户只能遵从,并不能提出适合自己需要的服务方式。这种模式显然对于电子商务企业的进步来说十分不利。新的物流模式则满足了电子商务企业发展的需求,客户可以在云物流平台上,通过模块化单元提出自己的要求,并且这些模块化的单元是可以通过物联网和大数据技术进行修改,以随时响应客户的要求。

3. 基于资源共享与知识共享的物流模式

与传统的物流模式相比,云物流的运作模式可以提供多方面的资源共享,从上面的论述中就可以见到一些端倪。在云物流模式之中,基于电子商务技术和客户需求的大数据与物联网技术能够迅速展开,客户的资源能够迅速在云平台上展示出来。这一技术能够帮助企业真正实现资源的全面共享与交易。

4. 高敏捷性与可伸缩性的物流模式

云物流技术的服务提供是基于客户的,并且是一种动态的。大数据技术可以迅速展现客户的需求动向,云计算技术则可以迅速展示出客户的需求数量。这两方面的结合则能够帮助物流企业锁定客户需求的数量与质量,制定产品发展战略。

5. 用户参与的物流模式

上文一再展示,云物流模式将客户有效融入物流服务体系之中。物流企业在关注自己产品的同时,借助技术能够迅速观察到客户的需求。在新的模式之中,只有那些能够迅速关注客户的物流企业才能真正生存下来。用户用脚投票的模式在物流行业发展之中真正起到决定性作用。

6. 按需使用与计量付费的物流模式

新的物流模式将不会按照传统的计费方式进行,而是会按照产品提供的质量与数量进行计费。在传统计费方式的基础上,云物流模式的计费方式也要发生根本性变革。在互联网金融支付技术的支持下,云物流模式能够实现客户与企业的随即组合方式。用户向互联网金融商提供费用保障金,在需求得到满足之后,付完剩下的费用。客户与物流商的交易达成之后,互联网金融商则会将这一部分费用提供给物流企业。在这一模式之中,由于互联网信息的公开性,参与的每一个人都会非常重视自己的信用。

7. 配送模式是低门槛与合作式的配送模式

传统物流模式要求物流企业必须拥有一定数量的物流装备。在新的物流模式下,这些装备则有可能转化成为公共设施,提供物流服务的企业只需租用。因此,在云物流模式下,物流企业可能并不需要复杂的物流设备,物流行业的装备水平则由政府决定。新模式下,企业进入物流行业的门槛将大幅降低。

第四节　21 世纪电子商务物流体系研究

当前,随着电子信息技术的迅速发展,随之而产生的电子交易数量也在逐年上升,虽然从表面上看,市场中的电子商务呈现出一片繁华的景象,但在实际上,真正能够通过电子商务而获得巨大利润的企业却并不多见。出现这种情况的一个重要原因是,在物流运输方面所花费的成本过高,并且效率不高,物流成了制约电子商务继续发展的瓶颈因素。由此可见,电子商务想要获得更为长远的发展,就应该设计出一种专门的现代物流运输方式。这就在无形中为物流业的发展提供了一个巨大的发展机遇,迎来了广阔的发展空间。能否获得全面适应电子商务发展的物流体系,决定了从事电子商务的企业能否在激烈的市场竞争中脱颖而出,为企业带来更多的经济效益。

物流业属于服务性质的行业,具有涉及环节多、牵扯范围广、业务分散的特点。从当前物流业发展的现状来看,其服务的对象和范围都有一定的局限性。由于现行的物流组织方式不健全,因此就出现了企业需要物流的支持但是却不能找到物流服务者的情况,这对双方的发展都是极为不利的。为了能够实现物流供需双方方便、快捷地形成物流服务,物流电子化就成了必然的选择。在电子商务环境下的物流业,就是要通过物流组织、交易、服务、管理方式的电子化,从而使物流活动能够更为方便、快捷地进行,实现物流的高速度、安全、可靠、低成本,实现电子商务企业与物流企业的双赢。

一、当前我国电子商务物流体系的发展环境

(一)市场竞争日趋激烈

我国在加入世界贸易组织之后,国内的物流领域、运输服务、分销领域等都进一步实现了对外开放。众所周知,物流业所蕴含的利润空间是十分客观的,因此很多国外的物流企业都非常看好我国物流业的发展前景并且跃跃欲试。到现在为止,很多国外著名的物流企业,如快递业巨头 UPS、FedEx、DHL 和 TNT 等已经成功进入了我国的物流市场,并且迅速占有了一定的份额,与国内的一些物流企业展开了竞争。随着国外物流企业的进入,国内企业也逐渐开始重视物流市场,都想在物流市场的发展中抢占先机。这种情况的出现就使物流业获得的投资越来越多,有更多的企业愿意涉及物流工作,这也就使物流市场的竞争日趋激烈。

随着我国经济的迅速发展和现代物流理念的传播,人们对现代物流的需求也逐年增长,再加上我国物流热的掀起,大大小小的运输、仓储企业甚至小型送货、送报企业都纷纷打起了物流的牌子,进入物流市场,这就加剧了物流市场的竞争。在未

来几年的发展中,我国的物流市场必然要进行一次大规模的"洗牌",那些实力雄厚的物流企业将获得更好的发展机会,而大多数竞争实力较弱的企业只能是在激烈的市场中被无情的淘汰。

(二)企业经营风险增大

我国已经进入了买方市场,在需求升级之后,顾客只有在最终需要时才会做出购买的决策,这样就使企业对库存的态度极为复杂。因此,没有人会再去囤积库存,但流通企业实现经营又不能没有库存,同时厂商又不敢有很多库存,因为库存就意味着风险。企业大宗商品的库存量只支持 1～2 天的销售量,经销商需要通过空运来组织物流,他们的交货期也只有 1～2 天。对于高科技的行业来说,一星期的交货期过长,除非是刚刚发布的新产品,这种"订货协同"的模式在很大程度上减少了店面的库存量,同时也就降低了店面由于销售预测不准确而带来的库存积压、断档风险。因此,物流企业必须做到快速、准确,这样就可以有效降低店面的经营风险,减少不必要的损失,从而提高利润收益,增强竞争力。

(三)企业资源利用不足

当前,我国经济市场各方面的建设都日趋完善,这就放开了新企业进入市场的限制,也就意味着市场竞争将更加激烈。在这种情况下,如果一个企业想要长久地立于不败之地,获得持续的发展或不被兼并、收购,其自身就必须具有强大的竞争力。也就是说,这个企业本身的规模就已经足够大,或是该企业有充足的资源,并且进入的是那些利润率较低而其他的大企业不愿意进入的行业。企业为了在激烈的市场中可以求得生存,在投放机会较少的情况下,就必须具备一定的经济规模,通过采用新的技术或是生产装备,从而降低生产成本,提高劳动生产率,增加企业的收益。因此,从 20 世纪 90 年代初以来全球就爆发了第四次大规模的兼并浪潮,很多的并购案例都是发生在两个或多个在某一领域全球排名第一、第二的公司之间。当前,在世界范围内已经出现了年营业额超过 2500 亿美元的超级企业。

在资产重组的案件中,物流并不是大多数企业的主要经营项目,因此这些企业就会将相关的物流业务外包给第三方专门的物流企业去经营。在这种情况下,第三物流就在国际市场中占据了重要的位置,这是众多国家企业的发展模式,但是我国的行业发展却并不是这样。以我国的家电行业为例,很多著名的上市公司的大量资产都投放到了物流方面,有的公司甚至还耗费大量的资金投资组建了自己的送货车队,在全面的很多地方都建设有独立的仓库。这些公司在物流上投放巨额资金并没有为他们带来更多的效益,反而是使库存逐年增加,其物流成本的增加甚至比销售收入的增加速度还要快。实际上,物流并不是这些公司的主营业务,也不是他们的利润增长点,相信如果他们能够将这些资金全面投入主营业务之中,会获得比将自己投放到物流中获得更多的收益。

从上述中我们可以得知,如果企业想要获得更加长远的发展,就应该考虑将物流外包给第三方物流企业去运营。当前,在世界上处于领先地位的企业一般都是依靠第三方来提供非核心业务服务,以此可以降低企业的交易成本,合作双方的企业之间会签订长期合作协议,甚至于双方会针对这项战略联盟关系进行专门的投资。

(四)顾客要求不断提高

随着市场经济的不断发展和社会的不断进步,顾客在购买商品的同时也会对服务产生需求,而需求不断升级是社会进步的一个重要标志。顾客需求的提高,从物流的角度来看就是对快速配送的需求不断增加,这就要求物流企业必须不断推出新的服务方式。随着人们生活水平以及城市基础设施的不断完善,人们对于城市物流配送的要求也越来越多。这是一个很大的产业,国内很多的物流企业具有提供该方面服务的条件和优势,有的企业甚至已经逐步建立起了全国性的配送服务网络,其服务范围涵盖了全国的各个地区。

由于不同企业的经营项目不同,生产的商品也不同,因此它们很多都各自建立起了自己的配送网络。这种具有独立性质的配送网络虽然在一定程度上满足了人们的需求,提高了企业的服务水平,但是从总体上来看,这种配送方式有很多的线路都是重叠的,极大地浪费了资源。改变这种不合理的配送方式的主要措施就是,对这些线路进行合理地协调,将相似的配送业务进行集成。例如,可以将不同公司经营的牛奶、报纸、纯净水等商品的配送业务与洗相片、洗染、修配等服务结合起来,实行统一的配送和服务。这样做不仅可以降低企业的经营成本,减少对配送资源的浪费,同时还可以为顾客提供更加完善和便捷的服务,一举两得。

(五)营销方式不断创新

由于顾客对服务方面的要求不断提高,这就使企业的营销方式要不断进行创新,以此来满足顾客的需求,这就为物流的发展带来了更大的挑战。新的营销方式在我国有着巨大的市场和充足的实践者,很多全新的营销方式刚一出现就很快获得推广和应用,如连锁经营、电子商务和直销;而有的营销方式则由于不符合国情而被禁止,如传销。

我国从 1993 年开始实行连锁经营,到目前为止,连锁经营已经遍布了我国大多数的行业,获得了全面的推广和普及。我国的连锁经营之所以能获得如此巨大的成功,其中的一个关键因素就是建立了高效的配送体系。

(六)信息技术不断发展

从 20 世纪 50 年代以来,科学技术得到了迅速的发展,信息技术逐渐成为新技术领域中发展最快、竞争最激烈的先导技术,它的创新引发了一场新的产业革命,创造了巨大的产业和市场。

很多的物流企业在这一产业革命中,开始运用信息技术来对传统的物流进行改造,将信息流和物流进行集成已经成为一种发展的趋势。例如,宝供物流企业集团凭借其遍布全国的物流网络和基于互联网覆盖全国的物流信息网络,与宝洁、GE、Unilcver等著名跨国公司进行着紧密的合作,长期为这些客户提供优质的物流和配送服务以及物流信息服务,该公司在全国联网的在线物流信息查询和跟踪系统为客户增加了物流系统的透明性。由此可见,信息技术在物流的发展中起着非常重要的推动作用。

(七)全球经济不断融合

很多著名的国际企业早就觊觎我国庞大的市场,尤其是在我国加入世界贸易组织之后,就为国外企业进入我国市场提供了更为宽松和自由的环境,很多的企业都开始来中国开设企业或是投资。与此同时,我国一些企业凭借自身雄厚的实力,也开始转入国外市场。对于那些实力较弱的企业或是处于不同地区的企业来说,为了能够在市场中增强竞争力,它们往往会采取联合、重组、兼并等形式相互渗透并逐渐联合,这是市场经济发展的必然趋势。

为了适应经济全球化的发展,物流企业也随之进行了一系列的调整和优化。由于市场的扩展,因此就需要对覆盖市场范围的物流系统重新进行设计,公司需要在不同的市场中配置不同的制造资源。公司可以在全球范围内统筹需要的生产资源,在不同的地点生产不同的组件之后,可以通过物流和配送系统将组件集中运送到物流中心或配送中心,在进行安装组合之后,再通过物流和配送系统配送到顾客订单指定的地点。很多发达国家在我国建立的企业就是采用了这种生产战略。因此,这就是当产业资本在发生大的流动之后,物流和配送网络也会随之大幅度进行调整的原因。

二、电子商务物流体系发展的原则

当前,电子商务已经进入了迅速发展的时期,因此物流企业在对自身的发展进行规划时,一定要选择最佳的方式和路径,尽量以最小的风险和最低的费用,确保能够保质、保量、准时地将货物送到顾客的手中。在这个过程中,一定要坚持效率与效益的原则,不仅要保证能够以最小的成本获得最大的效益,并且还要注重实现企业规模化的效益。

由于物流企业本身就是一种高度组织化的系统运行体,需要处理大量的订单数据和商品分配,因此这就要求物流企业的各个部门、各个环节都要做到协调统一,使物流企业能够获得综合的效率和效益。

（一）坚持准确性和正确性的原则

准确性和正确性是物流企业运营的首要原则。物流作业实际上是一种专业分工基础上的流水作业,无论是在什么时间和地点,都要保证物流工作的正确性与准确性,否则就会造成一系列的失误,不仅使物流企业自身原来所做的工作都将白费,而且还会对从事电子商务的企业造成很大的损失。因此,对于物流企业所有的工作环节都要做好专门的监控机制。

（二）坚持时效性的原则

在大多数的时候,物流企业实际上是在配合电子商务企业的运作。因此在为顾客或是厂商提供便捷迅速的服务时,还要保证工作的时效性,确保顾客可以在最短的时间内拿到他们所需的货物。

（三）坚持灵活性的原则

物流企业在运作的过程中,需要具有灵活应对事件变化的能力,不仅要能正确处理好订单,提高运输和递送的效率,同时也要保证传递的安全性,让顾客感到一种安全感与满足感。

(四)坚持经济性的原则性

物流企业运作的根本目的就是获得最大的经济效益,因此必须坚持经济性的原则。在物流企业外部的运作网络中,要实现规模效益,通过大规模的运作来降低成本;在物流企业内部也要形成有效的循环,从而有效降低企业的管理成本,增强企业的竞争力,提高企业经济效益。

三、我国电子商务物流体系的发展趋势

我国在计划经济时期,人们生产和生活所必需的大多数物质或是资源都是政府通过计划的手段来进行分配的,对于物流企业来说也是这样,所有的物流环节都需要通过计划手段来进行管理和控制。这就使物流企业出现了机构重叠、条块分割的现象,生产、流通与销售等环节不能紧密联系在一起,使物流运转缓慢,增加了社会库存,社会资源不能合理地优化,造成了巨大浪费。

在改革开放之后,随着社会主义市场经济体制的逐步建立,交通运输业获得了很大的发展。在电子信息技术迅速发展的时期,商业连锁经营和电子商务也逐渐兴起,信息技术的日新月异,使我国同国际市场的联系日益密切。随着经济全球化的不断发展,市场竞争也越来越激烈,这些因素都对物流业的发展起到了重要的推动作用。

(一)有关物流与供应链的报纸和杂志增多

有关物流与供应的报纸和杂志最早出现于 20 世纪 90 年代初,并且数量不多。而到了 20 世纪 90 年代中期以后,随着物流重要性的逐渐凸显,关注物流的人也越来越多,随之出现了很多专门报道物流和供应链的报纸杂志。在这些报纸和杂志中,很多

文章都介绍了国外对于物流管理的先进技术和成功经验,这对于我国物流业的发展起到了重要的推动作用。

(二)对物流管理及技术的重视程度提高

在过去,很少有人会认识到物流的战略作用,但在当今社会,很多有眼光的企业家都开始从战略的角度对物流行业重新进行审视,他们相信物流行业将会成为一个最有潜力的带有无限增值潜能的新领域。根据研究发现,通过科学的管理可以显著提高物流行业的服务水平,同时提高客户的满意度,增加企业的收益。因此,物流企业逐渐受到了大多数行业与市场的重视。实际上,将物流企业推向一个真正的战略问题的原因是,提高了物流管理在企业中的竞争力和对获利性上的认识,并最终将物流推向了企业战略的一个核心地位。

(三)对物流专业人才的需求增加

我国将物流正式作为学校教育研究的一个专业方向,开始于 20 世纪 90 年代末的专业结构调整中。从最近几年社会经济的发展所需要的人才以及学生就业的状况来看,物流管理对人才的需求逐年上升,甚至出现了供不应求的情况。这就拓宽了学生就业的选择余地,提高了在校学生的学习热情。

在竞争压力、扩展业务、提高管理水平以及向第三方物流提供商转变的战略考虑下,一些传统的仓储运输企业和新建的物流业的公司对物流管理人才产生了巨大的需求量。除此之外,一些生产厂商为了优化采购、生产和销售活动,改变物流与供应链管理水平落后的状况,也开始逐渐吸引专业的物流人才的加入。

四、我国电子商务物流体系发展的政策建议

物流业已经成为我国国民经济发展中的一项重要产业。物流业的发展不仅要根据市场的发展需求来采取配套的改革措施,

还要保证其拥有一个良好的政治发展环境,这就需要我国政府制定出切实可行的经济政策来保障物流业的发展。

(一)实行积极的物流产业政策

积极的物流产业政策,指的是要重视物流产业的发展,对物流资源进行积极的整合,将人、财、物等基本要素适当向物流产业倾斜的经济政策。具体来说,主要包括以下几点内容。

(1)在制定产业发展规划时,要重视物流产业的发展,并为其制定详细的、具有战略性的发展计划。

(2)采用多种形式,如加强媒体宣传和颁布施政大纲等方式,以此来提高物流业所处的地位。

(3)在基本建设投资中,要适当加大物流业的投资比例。

(4)在物流产业发展的过程中,要为其制定出基本的方针和战略目标,为物流业的发展指明未来的发展方向。

根据我国未来经济发展的总体形式和当前物流业发展的实际情况来看,我们应当坚持以市场为导向,以企业为出发点,坚持综合利益最优化的原则。现代企业物流组织要实现专业化和社会化,建立起适合我国国情的物流系统,不断完善物流服务体系的功能,提高物流服务质量,以此促进我国的经济可以实现全面、快速、健康增长。

为了实现物流业发展的目标,我们首先需要做的就是对物流业的"硬件"不断进行完善,培养出一批具有很强竞争力的现代化的物流企业;其次,我国在加入WTO之后,面对日益激烈的国际竞争,一定要注重建立起实现公平竞争的市场环境,不断采用新的技术设备或管理理论,以此来促进物流企业提高工作效率和服务质量,保证自身企业可以在激烈的市场竞争中立于不败之地。

(二)推行协调发展的宏观调控政策

在国外的很多国家,为了促进本国物流企业的持续发展,保持其在国际市场中的竞争地位,因此制定并贯彻实施了一系列的产业政策,如表 1-1 所示。

表 1-1 国外为促进物流发展所实施的宏观调控政策

国家	宏观调控政策
荷兰	对运输业的发展给予全面的支持 充分发挥了行业协会的作用 利用集团公司的组织形式和各种经济手段将海、陆、空等不同的运输方式有机结合在一起
日本	实施"放宽性政策" 强化对物流业的规划与指导 改组负责运输事务的机构 合并运输省、建设省,组成"国土综合省"

面对当前我国物流分割、分散的情况,想要大力发展物流业,就需要积极地制定出一套统一规划、协调统一的宏观经济政策。要贯彻实施该项政策,就需要做好以下几点。

1. 深化改革,调整机构

要建立起专门主管物流的部门。在以后物流业的发展中,应该有一个专门的物流主管机构来对各个部门和地区的物流企业进行统一的规划和指导,建立起完善的物流基础设施,以此来保证我国物流业能够获得健康、快速的发展。除此之外,还要赋予该部门制定物流发展和物流运作法规等方面的权力。

2. 制定全国统一的法律法规

当前我国物流业发展参差不齐的一个重要原因就是,相关的法律、法规不健全,政策方针不统一,因此一定要尽量改变这种情况。为了能够顺利贯彻执行协调发展的经济政策,促进物流业的协调发展,因此在对相关机构进行改革的同时,机关政府部门还要制定出统一的物流技术标准。

3. 组建全国性的物流协会

在推动物流发展的过程中,要充分发挥行业协会的自组织功能和自律作用。在发达国家物流快速发展的实践经验中,我们可以看出,行业协会在市场经济条件下可以发挥出巨大的作用,并对某一经济领域的活动进行管理和协调,这样就可以减少政府的直接干预。因此,为了减少政府对物流市场的涉入,就应该积极创造条件建立全国性的物流协会。为了保证行业协会能够发挥其应有的作用,可以通过民主选举的方式来选出协会的会员,一定要注意不要让政府官员参与进来,以保证行业协会可以较为自由的充分发挥其应有的作用。需要注意的是,想要成功建立全国性的物流协会,就必须树立起该机构的权威性和代表性,从而保证其权利可以顺利实施。在实际运作中,应当让那些物流行业中最具竞争力的企业起到相应的带头作用,从而可以吸引更多的人员参与到该组织中来,为全国物流企业的发展做出更多的贡献。

(三)制定吸引民间资本向物流领域分流的优惠政策

物流产业在刚开始发展的过程中虽然耗资巨大,但是以后所获得的实际利润却不是很高。因此,很多的企业家和投资者都不看好这个行业。为了解决这个投入、产出矛盾,政府方面就应该采取一系列的积极措施来吸收投资,增加政府在该行业的投资比例,并且在行业运营的过程中给予一系列的优惠政策,从而吸引那些民间资金可以流入物流行业之中。政府实行的优惠经济政策具体表现为以下几个方面。

(1)国家或政府应该实行灵活的税费政策,在一定时期内可以对部分税收制度实现减免。

(2)在进行融资活动中,推行较为灵活的金融政策,从而增加政府的融资渠道。

(3)要建造良好的投资环境,如不断完善物资供应、交通、通讯以及生活等方面的服务体系,从而满足投资者高质量的服务要求。

(四)实行政府与企业共同投资兴办物流产业的经济政策

我国物流企业的进一步发展主要表现在两个方面:第一,扩展物流企业的服务功能,扩大企业的经营规模,实现规模化效益;第二,加强物流企业的物流基础设施建设,建立起现代物流网络体系,提高物流设施的专业化操作水平。为了做到这两点,我国在未来几年内就需要进行大规模的投资建设,以此来完成扩建铁路、公路等工程项目。在这个过程中,需要耗费巨大的投资额,对于资金的具体来源也是需要我们进行认真思考的问题。

在国外的很多国家,铁路、公路等方面物流工程的投资项目都是由政府来主导的。例如,德国的基本交通设施几乎全部都是由政府投资建设的,甚至在勃兰登堡港的扩建中,政府更是耗费了高额的资金用于物流基础设施的完善。而对于我国来说,在以后的发展中基本上也要遵循这一点。

需要注意的是,由于物流交通设施的建设投资巨大,因此在国家财政紧张的情况下,如果只靠国家财政的扶持来兴建物流基础设施显然是不符合实际的。因此,为了解决这一困难,在物流基础设施的建设中,应当在政府主导投资的前提下充分发挥社会集资的力量,从而保证物流基础设施建设的顺利进行。其具体的做法如表 1-2 所示。

表 1-2　不同规模的物流基础设施建设的投资方式

物流建设项目规模	建设项目	投资方式
大型	铁路干线、重要公路、港口、机场等建设项目和大型物流枢纽工程	由各级政府来出资兴建
中型	区域性物流中心、支线性道路等	政府与民间资本联合投资的办法来兴建
小型	城市配送中心、地区性物流基地等	按照谁投资谁受益的原则吸引社会资本以股份合作制的形式来共同承担

(五)实行抑制企业自建物流设施、自营物流业务的政策

我国的生产部门和企业都建立有自建的物流设施、物流设备,并设置了自营物流业务,这种情况的出现是极为不正常的,并且还会带来很多负面的影响,造成库房混杂、运输业混乱的局面。随着市场经济的建立和逐步发展,虽然对企业的管理已经逐步规范,但是这种自营性质的物流格局却没有被改变。甚至,在一些地方和企业的自营物流还出现了逐步强化的趋势。

从经济发展的实践过程来看,这种自营性质的物流体系的危害很大,不仅产生资源浪费的情况,还制约了我国物流企业的进一步发展。从当前我国物流行业发展的现状来看,第三方物流在物流总量中所占比重远远要低于其他的发达国家,在商品配送、货物联运和供应链管理等方面都刚刚起步,在走向成熟的过程中还需要很长的一段时间。针对这种情况,我们就必须重视起资源合理利用和物流健康发展的重要性,国家应对当前自营物流泛滥的情况进行一定的限制和制约,为我国物流产业的健康发展扫清障碍。

(六)实行吸引境外资本流向物流产业的开放政策

想要做强我国的物流产业,甚至让其走向国际市场,就应该适当放宽外商的投资限制,实现扩大开放的政策,将境外的资本吸引到物流产业的发展之中。虽然物流行业是一个朝阳行业,但是在其上升发展的过程中难免会出现一些问题,因此政府应该适当对其进行宏观调控。为了保护国家和民族的利益,一些涉及国家命脉的行业应该由国有企业予以垄断,但是对于物流业的发展来说可以适当地放宽限制。

为了改变我国物流行业发展滞后的情况,提高物流的经营效率和服务质量,国家不仅要对落后的生产方式和技术进行限制,并且还要制定相应的政治扶植措施,二者相辅相成、相互协调才能共同为我国物流业的发展开辟更为广阔的发展天地。

第二章　电子商务物流运作模式研究

电子商务企业物流模式的选择是与电子商务企业的战略及其规模紧密相关的。一般来说,大型的电子商务企业倾向于选择自营物流模式,而对于中小型企业来说,物流外包模式则是其最佳选择。从我国电子商务行业的现状来看,无论是何种类型的电子商务企业都会与其他企业组建物流联盟,以不断拓展自己的客户。

第一节　当前电子商务物流的主要运作模式

一、企业自营物流研究

(一)自营物流模式的含义和类型

自营物流模式是指电子商务企业基于自身发展的需要自行组建物流配送系统并且经营的物流运作模式。一般来说,以下两类企业通常采用自营物流模式。

第一类是实力较强的电子商务企业。这类电子商务企业往往有大量的资金,它们在电子商务行业刚刚兴起的时候就能够在整个行业里面占据一定的优势。他们为了持续扩大自己的优势,往往不惜资金,在一定市场范围内建立专属于自己的物流配送系统。

第二类即是传统的大型制造企业转投电子商务,借助原有的企业物流系统建立属于自己的物流配送系统。在长期的传统商务体系中,这类企业已经确立了初级规模物流系统,在新的商务环境中,这类企业只要对原有的物流系统稍加改造即可实现配送。

(二)自营物流的优缺点分析

1. 自营物流的优点

(1)能提高客户满意度

由于物流设施和配送队伍属于企业自身所有,企业能够自由调度和掌握配送的主动权,在接到服务需求之后可以进行快速的物流运作,并且可以大量减少运输的中间过渡与中转环节,将货物以最快的速度送到客户的手中,给客户良好的服务体验。因此,自营物流能够保证服务质量和提高客户满意度与忠诚度,维护企业和顾客的长期供应关系。

(2)能充分利用现有资源

自营物流的主要优点是可以充分发挥和利用企业现有资源的价值,将企业资源的价值发挥到最大,提高企业运行管理的效率。一般来说,企业可以利用的物流资源包括仓库、交通运输工具、企业员工等。

(3)信息沟通渠道畅通

自营物流这种运营模式是完全由企业自主经营的,从物流的渠道到物流资源全部为企业所有,因此统一管理和调配资源和人员比较自如,管理企业也比较方便。此外,同一企业的物流管理系统能够完美地衔接到一起,提高物流运输的效率。

(4)及时了解客户的需求信息

自营物流的企业可以直接面向用户,在配送的过程中能够对客户信息进行很好的收集,对客户的意见进行很好的反馈,及时了解市场的动态和消费者的心理变化。企业可以根据自己员工收集的信息对市场进行分析,及时对企业的经营策略进行调整。

2. 自营物流的缺点

(1)物流成本难于计算

目前来说,我国大多数企业在计算自己的物流成本时只计算两个方面的内容,即运输费用和仓库占用的保管费用。但实际上,企业物流成本的统计要复杂得多,除了包括运输费与保管费之外,还应对员工工资、水电费、保险费、折损等进行统计,在现有的管理制度和会计制度中,这些要素的统计比较困难。

(2)不利于提高企业的核心竞争力

在为了提高核心竞争力,企业普遍将非核心业务外包的今天,企业自营物流需要设立专门的部门从事物流工作,需要配备相关的人员花费大量的精力开拓运输渠道,不利于企业专注于自己的核心业务,从而会影响企业核心竞争力的提高。

(3)物流管理难于专业化

企业自营物流一般都依托于企业现有的物流资源,这是企业开展物流活动的优势,但是很多企业的物流设施相比于专业物流设施还有较大的差距,并且管理也不够专业,造成整体水平较为落后,这是企自营物流的主要缺点。

(4)物流规模难于扩大

自营物流模式需要企业投入大量的资金用于配送中心、仓库、物流信息系统的建设和购买物流设备,需要组建自己的物流配送队伍,这对缺乏资金的企业,特别是对中小企业来说是个比较大的负担。因此,一般电子商务自营物流模式由于受资金限制,物流规模难于扩大。

(三)自营物流案例分析——京东自营物流

京东是运用自营物流模式的典型公司。从京东最初开始运作以来,其首先采用了第三方物流模式进行发展,在京东逐渐成长以后,其开始组建自己的物流业务部门,开始了自营物流模式。

在 2007 年,京东抓住电子产品快速增长的这一重要战略契机,组建自己的物流体系,逐渐抛弃了服务质量低劣的第三方物流。在自营物流的帮助下,京东逐渐走向国内电子商务 B2C 网站的首席。从京东自营物流的发展历史来看,京东自营物流主要有以下方面的特征。

第一,建立强大的物流服务体系,掌握物流的控制权。京东自营物流结合京东网站在信息处理上的强大能力,对物流的流程进行合理规划,实现物流与商品信息流、资金流的紧密结合。对于公司运输不能到达的地区,公司委托的第三方也能够借助京东的信息系统快速地将物流信息递交给客户,实现了京东公司对物流的全面掌控。

第二,向客户提供便捷迅速的物流服务,并且保证客户的隐私。京东展开了客户服务的"211 工程",向客户提供当天下单,当天送达的物流服务[①]。另外,对于涉及客户隐私的一些单子,京东还向客户提供特殊的包装服务。

第三,京东自营物流还注重成本核算,其自营物流仅在一线城市,对于偏远地区,京东则选择服务标准相近的第三方物流。

(四)电子商务自营物流模式的发展建议

从以上的论述可以看出,自营物流是电子商务物流发展的一个高级阶段。只有在运送量达到一定规模的前提下,自营物流才具有一定的优势。京东自营物流的发展历史即说明了这一状况。因此,对于自营物流模式,电子商务企业应注重核算自身规模水平,确定一定的发展思路。

1. 均衡物流业务的投资与收益,控制现金流

现代企业的发展已经逐渐开始转向确立每一个部门的收入与成本水平,部门进行独立核算的阶段。对于电子商务企业来说,物流业务是其经营发展的一个重要组成部分,物流业务部门

---

① 在上午十点之前下单,京东物流可在当天送达。

的单独核算是一个必然趋势。

电子商务企业如果要成立自营物流部门就一定要进行自营物流的独立核算,提升自营物流部门的营收水平。一个部门的成本太大,对电子商务企业来说将会是一个负担,非但不能帮助企业发展,还会成为企业发展的累赘。

2. 物流业务发展要围绕企业核心竞争力

电子商务企业的自营物流部门要为企业的发展做贡献,不断提升电子商务企业的核心竞争力。企业在发展之初往往会有一个核心理念,为客户提供与众不同的服务。阿里巴巴致力于"让天下没有难做的生意",京东则致力于"让生活变得简单快乐"。对于一个企业来说,如果没有自身的核心理念,那么就不具备自身的独特性,也就没有长期发展的潜力。

一个企业在确立自身的发展理念之后,就要确定自己的发展战略,使其能够为企业的经营理念服务,为企业的长期发展服务。企业的经营战略要求企业的所有部门为企业的理念服务,也就是为企业的核心发展方向服务。通过企业的战略发展,企业能够形成为核心理念而存在的企业独特的核心竞争力。企业各个部门的存在都在为着企业的核心竞争力服务。

电子商务企业自营物流部门的存在能够帮助企业不断提升自己的核心竞争力。电子商务企业物流发展不能仅仅是为物流部门自身,不然会得不偿失。

3. 不断提升物流业务部门的人才素质,为核心竞争力提升服务

电子商务企业的自营物流部门的存在是为了服务企业,如果其人才素质不能得到有效的提升,那么企业物流业务部门的发展也就没有什么意义。从当前物流行业的现状来看,我国物流行业的发展人才是最急缺的。管理层之外,物流行业的入行门槛很低,其专业能力、服务态度和服务意识都是制约这个行业发展的一个关键因素。在企业发展中,自营物流部门如果能够不断提升自己人员队伍

的素质,服务质量和服务态度都优于同行,那么自营物流部门的建设必然将会提升企业的核心竞争力。因为,在电子商务企业,尤其是 B2C 电子商务企业,物流人员是直面客户的群体,他们的素质高不高是影响电子商务企业服务质量的一个重要因素。他们服务态度好,必然将会给企业的竞争力提升做出自己的贡献。

4. 妥善处理与第三方物流企业的关系,为公司业务拓展做保障

从当前物流行业的各个企业规模来看,物流行业之中第三方物流企业仍旧占据着最大的市场份额。他们在全国的各个角落,各个地区扎根,完全融入客户群体之中。他们能够做到自营物流业务部门所不能做到的事情。因此,对于电子商务企业来说,妥善处理与他们的关系,对企业的业务拓展将会有极大的好处。

二、物流外包模式分析

(一)电子商务企业物流外包的原因和问题

自 20 世纪 80 年代开始,业务外包已经逐渐成为企业物流组织结构的一个重要发展方向。企业将属于核心竞争力的部分牢牢地掌握在自己手中,把辅助性的业务分包给其他企业。例如,苹果非常注重手机设计,而将制造权转移给富士康,手机设计就成为苹果公司发展的核心竞争力。物流也是如此。一般情况下,物流被中小型电子商务企业视为辅助业务。在企业优化自己核心竞争力的时候,企业会将这部分业务分包出去。

对许多欧美国家的企业来说,物流已经逐渐地转交给专门的物流服务公司。这种服务方式逐渐给企业的核心竞争力提升带来很大增益。

1. 企业实施物流业务外包的原因

(1)集中精力发展核心业务

对于很多企业来说,其资源使用情况一直以来都是比较紧张

的。为了将这部分资源集中起来,不断提升企业核心业务的运行效率,企业会将部分非核心业务分享的资源逐渐分离出企业的日常经营范围,从而实现企业内部资源配置的最优化。例如,对于可口可乐公司来说,企业的核心竞争力即是可口可乐饮料的配方以及其他饮料的开发。对于公司来说,其他方面的业务都是非核心业务,如设计、分装等。可口可乐公司会将这部分业务分包给各个地区的设计公司和加工厂。

(2)分担风险

通过引进外包企业,企业能够将自身经营的风险逐步降低。将非核心业务外包以后,企业能够从市场上选择符合企业业务需求的供应商。这些供应商的服务大多是经过市场检验的,对待业务内容也是非常专业的,他们承包非核心业务以后能够实现更高的业务运行效率。

(3)加速企业重组

在企业需要重组的时候,企业面临着来自许多方面的阻力,对企业重组造成了一定的障碍。将非核心业务外包以后,企业能够避免来自非核心业务部门的重组阻力,将企业运行的精力集中在企业核心业务的人员身上。

(4)辅助业务运行效率不高、难以管理或失控

术业有专攻。企业在正常运转的过程中,如果全部业务都由自己处理和运行,那么企业要面临的问题之一就是要招聘大量的专业人士,否则企业将无法正常管理这一部分业务。因此,辅助业务对于人力资源不充足的企业来说,将其外包出去是最佳选择。

(5)使用企业不拥有的资源

企业业务外包相当于使企业直接获得大量的社会资源。一般来说,企业选择的外包对象往往拥有大量的社会资源。企业外包以后,就相当于这一部分资源归企业直接使用。由于外包商家视外包业务为自己的核心业务,他们往往为之配备最佳的资源系统。

（6）实现规模效益

前文已述，外包企业拥有最佳的外包业务资源体系，他们能够吸引大量的社会企业将辅助业务外包给他们。当业务量聚集到一定程度的时候，外包企业就可以通过规模效益降低业务运行的必要成本，从而实现资源的最佳配置。

2. 企业物流业务外包容易出现的问题

成功的物流业务外包可以提高企业的劳动生产率，使企业集中精力做好自己的核心业务。

业务外包以后，企业一般情况下将不会向这部分业务投向更多的精力。在这种情况下，企业必须选择合适的伙伴对其进行全面的评价，并确立长期的战略合作伙伴关系。否则，企业将会浪费很多精力去监控外包企业的活动。

我国的很多企业，物流服务效率低，创造的经济效益也很低。如企业的运输车队，空载率大，服务质量差。但企业为考虑本企业职工的利益（如就业等），也没有将物流业务外包出去。

随着企业外包业务的增多，企业内部员工往往会非常担心自己失去工作。在他们知道自己的工作被外包出去只是时间问题以后，他们则可能失去工作的信心，在职业道德和工作业绩方面出现问题。

（二）电子商务企业物流外包模式之一——第三方物流

1. 第三方物流的含义

对于第三方物流，虽有多种理解方式，但较普遍的认识是：物流活动由商品供需之外的第三方提供，第三方不参与商品的买卖，而只提供从生产到销售全过程的物流服务。中华人民共和国国家标准（GB/T18354—2001）物流术语中给出了第三方物流的概念："第三方物流是指由供方与需方以外的物流企业提供物流服务的业务模式。"因此，物流中的第三方就是指承担商品交易双方部分或者全部物流服务的外部物流服务提供者。从这种意义上可以看出,第三方物流是物流专业化发展的一个必然阶段。

2. 第三方物流的优势

相比较于传统的物流服务提供商来说,第三方物流成为现代物流发展的一个重要方向,实际上第三方物流与合作企业之间可以看成一个物流战略的合作联盟。在第三方物流服务中,企业能够获得更好的物流服务,第三方物流在与电子商务企业合作的过程之中表现出了极大的战略性优势。

(1)使客户企业集中于核心能力

激烈的市场竞争使企业的精力越来越分散,想要在业务上面面俱到已经成为一项几乎不可能完成的任务,企业想要在这种情境之下获取更大的竞争优势,应该将自己的工作重心和主要的精力全部集中在核心能力的提升之上。

电子商务营运商把经营重点投入自己的核心业务中去,物流环节全部分包给专业物流企业,即通常说的第三方物流。这种物流模式的好处在于可以将企业的资源和人员抽调出来投入提高企业核心竞争力之上,并且第三方物流的专业化服务会大大优化企业的物流服务系统,提高客户对企业的好感度。这是一项双赢的合作,在这个过程中企业在舍弃一部分业务之后,在基本不增加成本的基础上集中了更多的人力和财力,而第三方物流企业在合作过程当中获得了更好的发展空间。在现代经营中,这种双赢的合作有很多,尤其是电子商务企业,可以与很多行业进行这种合作,很多业务可以外包给专业的服务企业,这是现代企业发展的一个重要特点。

(2)为客户企业提供技术支持或解决方案

随着科学技术的进步和基本需求的变化,供应商和商品的销售商在物流和配送上的需求也在不断变化,二者之间的信息交流是保证企业商品正常流转的基础。在这个过程中,可能会需要使用某个特殊的沟通工具或者软件将商品的信息传递给客户,并接受来自客户方面的建议,这就需要双方建立一个信息交流的平台,实现信息的实时共享,以提高企业物流运作的效率。普通的企业受到技术和人员的限制,在这方面有天然的劣势,而IT则能够很好地完成这项工作。IT企业满足客户的方式不仅仅是优秀的产品和技术,还应该包括为顾客提供方便快捷的服务,在信息时代电子商务企业可以充分利用自己的技术优势来更好地满足客户。

(3)为客户提供灵活的增值服务

3PL能够为客户提供很好物流服务,大幅度提升用户在使用物流时的体验,并且3PL还可以更为方便的为用户提供个性化的服务,满足用户的一些特殊要求。例如,美国UPS有一个专门成立的部门,向一些具有特殊物流需求的用户提供专门的服务,比如有些情况下企业需要在几个小时甚至更短的时间内完成货物的配送,这时该部门就会派出专门的人员对客户的需求进行处理;有时候有些客户需要在特定的时间将特定的物品送到某处,这也是该部门的业务范围。另外,3PL供应商可以不具备任何的物流资源,但是通过物流合作和规划,利用外包手段获取优质的物流服务。

(4)节省物流费用,减少库存

专业的3PL服务提供者应该善于利用环境和技术要素,发挥出3PL的规模优势、专业优势和成本优势,提高物流运输与配送的效率,获得客户更好的评价。

3. 第三方物流的分类

我们通过对国内外物流企业的分析和研究发现,物流企业的种类多种多样,不同种类的物流企业具有不同的优势与特点。这里分析和研究第三方物流非常有益处的两个分类。

(1)按照物流企业完成的物流业务范围的大小和所承担的物流功能分类

①功能性物流企业

功能性物流企业,也被人们称为"单一物流企业",它不具备完整的企业物流系统,甚至也没有自己的物流管理部门和基础的物流资源,它所负载的仅仅是物流企业的一项或者几项功能而已。按照不同的行业归属,我们可以将这类物流企业进一步区别对待,比如交通运输企业、仓储企业、物流信息平台企业等。

②综合性物流企业

综合性的物流企业是指,能够承担不同种类物流功能的物流企业。有些综合性的物流只可以承担部分种类的物流功能,有些企业则能够承担所有种类的物流功能。

(2)按照物流企业是自行完成和承担物流业务,还是委托他人进行操作进行分类

①物流自理企业

自己能够独立解决企业物流需求问题的企业就是我们说的物流企业,按照不同的经营类型和经营模式我们还可以对其进行更加细致的区别和划分。

②物流代理企业

在第三方物流实践的过程中,我们需要对以下几点进行特别的注意。

首先,物流的业务范围是不是在不断拓展。一方面,由于市场的竞争越来越激励,商业机构和公司都将主要的精力放在自己的核心业务之上,自己没有时间顾及物流这一块,所以他们就纷纷将物流转移给专门从事物流服务的企业,以达到节约和高效的目的;另一方面,物流企业为了获得更好的发展空间和发展机会,必须不断拓展自己的业务,扩大市场占有率,提升品牌效应。

其次,很多经营比较成功的物流企业,在与第一方以及第二方企业的合作中获得了很好的发展机会,在合作中物流企业可以借助第一方、第二方企业的经验获得很好的发展,同时为它们提供定制式的物流服务。

最后,物流是未来服务经济发展的一个重要增长点,具有很大的发展潜力。

4. 第三方物流的建立

(1)物流设施的建设

在物流服务体系中,典型的物流服务设施包含了在制造工厂、仓库、物流节点以及零售商店之间的所有作业条件。对于物流企业来说,确定每一种物流设施在物流环节中承担的工作量以及设备的需要量是企业建设之中十分重要的一个组成部分。物流设施组建形成的一个体系实际上为物流企业的作业安排了一种特定的结构,其体系内部形成了订货处理、存货维持以及材料运输等方面的具体工作。

物流设施体系的构建者还要考虑物流业务覆盖区域的特点,依据其特点安排物流设备的运作。一般来说,地势复杂、人口密集的区域往往需要更多更专业的物流设备。考虑覆盖区域的特点是物流设施建设的一个重要步骤,设计者们往往需要将物流设施的功能和相应特点进行匹配。随着时间的推移,覆盖区域内的市场竞争环境将发生明显变化,设计者还需要对区域内的设施进行重新评估。

(2)配置高水平的物流装备

当下,第三方物流企业面临的市场环境非常复杂,企业运行的竞争压力也很大。为了实现规模效益,他们负担着很多用户的商品配送任务管理工作。这就需要他们拥有配套的现代管理系统,需要企业掌握一定的资源,具备一定的物质条件。

在当前竞争环境下,企业最应该配置的装备即是计算机网络设备。企业通过计算机网络最为广泛地收集信息,在分析之后做出比较决策。在计算机网络上,企业一般情况下都建有决策模型,帮助其准确分析收集来的信息,为实现正确决策奠定基础。

复杂的竞争环境下,企业采用的配送方式和储存方式也需要实现现代化。通过建立现代化的配送方式,物流企业能够实现计算机系统信息与现实的配送要求之间的匹配,将信息转化为一个个精细化的决策和行动。通过大型的分拣系统和信息录入系统,物流企业在现代化仓储设备的帮助下能够将所需配送的产品准确分配给客户。

(3)物流信息系统的建立

在电子商务时代,信息是物流企业赖以生存的根本,在整个物流活动持续过程中,信息需要一刻不停地在整个物流信息系统中传递、更新、发布,以保障物流信息系统的顺畅运行。为了达到这一目标,物流企业必须推进 EDI、GPS、RF、EOS、INTERNET、CODE BAR 等新技术在企业内的应用,建立起服务于整个物流系统的信息化管理平台和控制系统。

①建立最具兼容性的数据库平台

数据库是整个信息系统建设的基础,也是信息系统能否实现其基本功能的前提。数据库不仅要满足当前企业信息系统的需求,还要具有足够的潜力可供挖掘,在企业的业务增长或者经营模式发生变化之后,仍然能够满足企业信息系统的要求。

②选择最好的数据交换工具

信息系统的一体化需要信息能够在不同的物流主体之间进行顺畅的传递,比如买方与第三方物流主体之间的联系,卖方与第三方物流之间的信息传递等。在传统的信息交换中,要想实现实时信息传递并不容易,但是在互联网和信息技术的支持下,合理选用数据交换的工具,不仅能够实现数据之间的信息传递,还能够优化信息传递的渠道和方式,提高企业物流运行的效率。

③开发或应用基于互联网的物流管理信息系统软件

现代一体化的物流信息管理系统软件是基于互联网的,软件由客户操作区、物流中心操作区、库区操作区、运输操作区等系统模块构成,并提供相应的入口,可以对第三方物流企业的整个业务流程的各个环节的物流信息进行传输、处理、分析、利用。

(4)虚拟供应链的组建

为了实现供应链结构的优化,在现代企业的经营中,越来越多的企业将物流业务外包给专业的物流企业,物流企业也越来越多地将信息系统的建设和完善外包给专业的互联网技术公司,从而优化物流信息系统,提高物流效率和顾客体验。物流企业可以看作一个供应链功能的集成单位,它通过对资源的调配与利用,可以实现高效率的货物运输与配送。物流企业作为现代物流发展的主体,必须承担起物流行业发展与进步的责任,努力将物流产业建设为一个具有完整网络体系和功能机构的社会服务行业。

(5)配备高素质的专业人员

新型的物流企业是不是能将自己的各项功能和作用发挥出来,将自己所承担的任务顺利地完成,最为关键的是如何进行人才的配置。所以,一定要安排数量合理、专业知识和能力较强、结构合理的决策人员、管理人员、技术人员和操作人员,这样才能保证新型物流运转起来才会比较高效。知识对经济增长的作用不是立竿见影的,它是需要很长一段时间之后才能显现出来,而且促进知识经济发展的根本是对人才进行开发和利用。新型物流企业的发展需要大量的专业人才作支撑,从事经营、管理、科研、仓储、配送、流通加工、通信设备和计算机系统维护、贸易等业务。正是因为这个原因,需要加大人才的投入,培养人才,并给他们以用武之地;对于现有的职工还要进行定期的必要的培训,让他们的学习系统化、制度化;在企业里面还应该实行竞争的制度,让每个人员都有升职的可能。培养员工们的创新意识,使他们对知识的吸纳能力提高,开发物流企业的人力资源,造就大批符合知识经济时代要求的物流配送人才。第三方物流发展的方向应该是知识密集型产业。

(6)实施高水平的物流企业管理

新型第三方物流企业的运作模式和运作结构是全新的,管理水平应该是科学化和现代化的。只有管理制度科学合理,管理手段和方法是现代化的,第三方物流的功能和作用才有可能发挥,才能促进企业物流运作效率的提高,从整体上提升企业的经营效率。管理科学的发展为现代物流的进步提供了坚实的保障,为物流产业的稳定和健康发展创造了有利的条件。在物流产业发展的过程中,相关部门应该加强市场监督和管理,保证稳定的市场秩序和社会环境,为物流产业的发展创造积极的环境。

　　5. 对第三方物流的评价

　　当企业决策将物流业务外包出去时,可以将物流业务外包给一家物流企业,也可以外包给多家物流企业。在选择第三方物流企业前,必须对第三方物流企业进行合理的评价。评价一般包括:

　　(1)物流供应商竞争能力评价。在选择第三方物流时,电子商务企业首先要考虑的问题应是第三方物流供应商的核心竞争力是否与企业所需的服务相匹配。也就是说,选择第三方物流企业以后,能否帮助企业解决企业当前面临的问题。

　　(2)物流供应商的资产评价。物流供应商的资产类型对第三方物流企业的业务开展具有一定的决定作用。一般来说,使用自有资产的企业往往具备较大的规模,实力比较雄厚。这类企业的服务一般倾向于确定固定的工作模式,容易形成官僚作风,降低物流服务的质量。使用非自由资产的物流企业工作安排上比较灵活,对于客户提出的服务可以进行酌情安排。但是因为实力限制,这类企业的服务能力会受到限制,不易形成规模效应,服务价格相对来说也偏高。

　　(3)物流供应商服务范围的评价。电子商务企业面对的客户通常是全国性的。因此在选择第三方物流企业时,应尽量选择全国性的物流企业。

　　(4)物流服务成本评价。第三方物流企业的服务成本是与其价格相关的。电子商务企业可以在选择与自己需求相匹配的企业之后选择性价比较高的服务商。

　　(5)第三方物流服务的水平评价。在评价第三方物流服务的水平时,电子商务企业可以对其客户进行追踪访问,进行量化评价。

　　对于第三方物流评价的主要指标是物流服务水平和物流成本,这在前面均有阐述。值得提出的是,中国仓储协会于 2001 年

2—4月,组织了第三次全国范围内的物流供求状况调查,调查范围覆盖全国的生产、商业、储运及物流企业,通过邮寄问卷的形式,调查企业2000家,回收230份,有效问卷219份,调查表明:在采用第三方物流的需求企业中,有67％的生产企业和54％的商业企业对第三方的物流服务感到满意,有23％的生产企业和7％的商业企业对第三方的物流服务不满意。电子商务企业首先对物流作业速度慢、物流信息准确率不够满意,然后是对物流作业的差错率和运作成本高不够满意。由此可见,对于第三方物流来说,他们首先应该关心的是运作质量和物流信息的运作能力,然后是成本。第三方物流企业应该能够实现这两个方面的协调。

(三)电子商务企业物流外包模式之二——第四方物流

同第三方物流相比,第四方物流服务无论是在服务的内容上还是在服务覆盖的区域上都有很大的发展,尤其是对物流运输和配送服务的要求更为苛刻。

1. 第四方物流的含义

目前来看,国内外关于第四方物流(Fourth Party Logistics,4PL)含义的看法多种多样,并没有形成一个准确的定义,一部分人认为第四方物流是“集成商利用分包商来控制与管理客户公司的点到点供应链运用”,也有一部分人认为第四方物流是“一个集中管理自身资源、能力和技术并提供互补服务的供应链综合解决方法的供应者”。美国著名的互助基金公司——摩根斯坦利公司认为,第四方物流是指将物流供应链中附加值较低的部分分包出去以后剩下的物流服务部分,同时引入了“物流业务的管理咨询服务”。现在来看,学术界较为认同的概念是埃森哲公司的约翰·加托纳(John Gattorna)所给的定义,“第四方物流提供商是一个供应链的集成商,它对公司内部和具有互补性的服务商所拥有的不同资源、能力和技术进行整合和管理,并提供一整套供应链解决方案”。

第四方物流主要作用于制造企业或者分销企业的供应链监控,在客户、物流和信息供应商中间充当"联系人"的作用。由此看来,第四方物流企业的作用在于为顾客提供最佳的增值服务,即高效地为顾客提供最佳的物流服务。第四方物流的发展需要平衡第三方物流的能力和技术。

2. 第四方物流的功能

第四方物流的基本功能有三个方面。

(1)供应链管理功能,也就是管理供应链的功能,具体来说就是对货物从委托人到接受人的整个过程进行管理。

(2)运输一体化功能,也就是对物流系统的运输工具和相应资源进行统一管理与调配,提高物流活动协调性与效率的功能。

(3)供应链再造功能,也就是根据货物运输的委托人对供应链战略和内容的要求,及时对供应链的相关环节和运作方式进行调整,以保证到达既定物流目标的效果的基本功能。

3. 第四方物流的基本运作模型

第四方物流存在三种基本的运作模式。

(1)超能力组合(1+1>2)协同运作模型

第四方物流和第三方物流共同对物流运输市场进行开发和占有,第四方物流可以向第三方物流提供更为完善和细致的管理和信息服务,比如信息平台的更新维护、供应链策略的制定以及对市场前景的评估等。第三方物流企业与第四方物流企业的合作,需要第四方物流进入第三方物流企业内部进行工作,一是为了更好地了解企业状况,为企业的管理和技术创新打下良好的基础,二是为了向企业提供更具针对性的服务。

(2)方案集成商模型

在方案集成的物流发展模式中,第四方物流可以在进行考察与市场研究之后,为企业量身定做整个物流和供应链系统的解决方案。在这种发展模式中,第四方物流要集中对第三方物流的资源、客户和技术进行管理,借助第三方物流的渠道、设施和人员等资源对第三方物流进行全面的改造和升级,将其转变为现代供应链发展模式,大幅度提高第三方物流企业的作用效率。

(3)行业创新者模型

第四方物流可以为不同的行业和客户提供物流解决方法,大部分解决方案和解决问题的思路都是从供应链管理这个角度出发的,供应链功能整合和开发也是第四方物流企业的工作重点之一。在第四方物流企业整合客户与不同供应链管理企业的合作过程中,第四方物流企业需要承担其自己的责任,与不同供应链管理环节企业进行真诚的沟通与服务,促进供应链的发展。第四方物流的主要作用是,可以通过对技术、策略以及结构的策划与设计,提高整个物流行业的工作效率。

无论采取哪一种模式,第四方物流都是对单一而枯燥的第三方物流企业发展模式的突破,也是对第三方物流功能的突破,可以真正实现低成本、高效率、高效益的物流运作,实现对多种发展资源的整合。第四方物流可以将不同的行业和企业连接起来,从更广的范围和更高的层次对物流的发展运行进行调整,这也是其能够始终发现最优物流发展的重要依仗。

三、企业物流联盟

(一)物流联盟的含义与特征

物流联盟是指两个或两个以上的经济组织为了达到更高的物流目标而进行合作经营。企业物流联盟的主要目的是通过合作,双方实现更好的发展,即共赢。

物流联盟模式具有以下几个特征。

(1)相互依赖。物流联盟的子成员之间具有很广阔的合作空间,并且彼此之间相互依赖,这种依赖来源于社会分工和核心业务的回归,是社会经济发展的一种必然现象。

(2)分工明晰。物流联盟的不同子成员之间在物流合作中具有不同的作用,在合作的过程中应该充分发挥彼此的优势,规避自己的短板,通过明确的分工来提高物流服务的质量。

(3)强调合作。既然是联盟,当然要强调合作。许多不同地区的物流企业正在通过联盟共同为电子商务客户服务,并通过电子商务服务享受现代物流带来的便捷。对于电子商务企业来说,通过物流联盟可以降低成本、减少投资、控制风险,提高企业竞争能力。

(二)物流联盟的存在必要性

对于任何一家电子商务企业来说,如果在物流环节采取纯粹的自营或者外包物流的服务模式都是需要采取非常慎重决策的,需要实时对物流信息进行操控。物流联盟则是一种介于两者之间的物流组建模式,可以降低自营或者外包模式带来的风险,也更方便企业进行操控。在两个或者两个以上的经济组织中间开展物流方面的长期合作还有利于合作双方实现共赢。企业之间的相互信任和依靠能够为彼此带来利润增值。物流联盟并不完全采取自身利益最大化的行为,也不完全采取共同利益最大化的行为,只是以契约的模式形成不同企业之间的优势互补,实现资源的多向流动。物流联盟还是一个动态的组织,合同结束以后各方将又变成追求自身利益最大化的个体。

从以上的论述可以看出,在现代企业中,组建一个物流联盟对于企业的发展来说非常重要。物流联盟的建立,可以帮助企业节省一定的物流服务成本,并实现不同组织间的相互学习,实现资源的最优化配置。物流联盟中,不同组织之间的交流能够实现信息互通,减少不确定环境对企业认知的阻碍,而且降低了企业因为片面追逐最大化利益的行为而产生的交易费用。联盟企业之间的长期合作关系还能够帮助企业抑制交易过程中的机会主义倾向,实现企业间的利益共享。

(三)物流联盟伙伴选择的因素分析

选择物流联盟的战略伙伴,企业要十分注意其服务种类和经营策略。一般来说,物流企业的服务类型倾向于经营策略方面的多样化,这在利益上则表现为其市场行为的多元化。一般来说,依据电子商务企业的物流服务需求,电子商务企业倾向于从物流服务的范围和物流服务的功能两个方面选择战略伙伴。

对于一部分运作能力较强的企业来说,他们在管理上通常倾向于将一部分物流业务分包出去,从而避免物流伙伴在拥有顾客资源以后在联盟中占据主动地位使企业受制于人。

同时,对于物流企业来说,组建物流联盟通常要注意自己在联盟中的控制能力。由于电子商务企业占据了销售这一部分资源,所以对其他方面的掌控能力较低。电子商务企业要在这一方面加强自身的能力,适宜同多个企业建立联盟,避免自己陷入选择的困境。

第二节　电子商务物流模式的选择

一、电子商务环境下选择物流模式的原则

无论采取何种物流模式,都应该遵循以下原则。

(1)专注核心竞争力。专注于核心竞争力是企业获取竞争优势的保证。市场竞争日趋激烈,促使各个企业将主要精力放在核心业务上,而将非核心业务如物流进行外包,以求节约和高效。

(2)考虑企业物流资源。对于开展电子商务的制造商、批发商、零售商,如果拥有完善的流通渠道包括物流渠道,那么就可以利用原有的物流资源,承担电子商务的物流业务。

(3)注意电子商务发展的阶段。在电子商务发展的初期和物

流、配送体系还不完善的情况下,不要把电子商务的物流服务水平定得太高。另外,可以多花些精力来寻找、培养和扶植物流服务供应商,让专业物流服务商为电子商务提供物流服务。

(4)权衡物流成本与物流服务。物流成本平均占生产与交付过程的 10%～40%。在电子商务环境下物流模式的选择过程,既要考虑易于对物流成本进行控制,又要能满足对物流服务,以便对增值服务提出更高的要求。

(5)信息化的程度。信息流是物流正常运行的保证。国外物流发展的经验表明,现代化的物流是建立在整个社会信息化高水平基础上的。随着物流作业机械化程度的提高,物流运作效率的瓶颈就是物流信息的传播速度,电子商务环境下的物流模式应侧重对物流信息的整合。

(6)网络化的程度。电子商务交易的无边界性要求物流具有很强的覆盖市场的能力,电子商务环境下物流模式中的物流中心、配送中心的布局要考虑到对市场的服务能力。

(7)柔性化的程度。电子商务环境下物流模式必须满足电子商务"多品种、小批量、多批次"的要求,建立分散化、个性化的物流中心不失为一种行之有效的办法,但要把握好运营成本。

二、根据电子商务环境下物流的特点和企业自身的情况选择适合的物流模式

在电子商务物流运作中,强调商流、信息流、资金流与物流的整合作用。物流是实现电子商务的保证,是电子商务的基本要素和重要组成部分。电子商务的物流模式可以有多种选择,企业完全可以针对电子商务环境下物流的特点和企业自身的情况做出合理的决策。

(一)电子商务和其他商务活动使用同一物流系统

已经开展商务活动的机构,可以利用互联网建立电子商务营

销系统,也可以使用现有的物流资源,经营电子商务的物流业务。流通渠道良好的商家从事电子商务业务具有较强的优势和有利条件。就制造商来说,他们的主要业务是产品的开发、设计和制造,但是,随着时代的发展和社会的进步,制造商已经开始涉足销售活动并积累了丰富的经验。他们不仅拥有完善的销售网络,而且还拥有覆盖整个销售区域的物流配送网络。制造商的物流设施比很多流通公司的物流设施先进和完备,这些制造企业完全有可能利用现有物流设施、技术和网络支持电子商务,开展电子商务下的物流业务。对这些企业而言,尤为重要的是物流程序的设计、物流服务的提供以及物流资源的有效利用。中间商的主要业务是流通,所以他们从事物流业务更有优势。

(二)自建网上物流系统

网上物流是以互联网为基础的信息管理系统,对发货、收货、运输等信息进行采集、归纳和分析,同时对用户的数据库进行维护。其显著特点是使用互联网平台、安全数据交换技术,通过互联网与厂商和用户的系统相互支持。将来的物流企业提供服务的程序将简化为四个步骤,如表 2-1 所示。

表 2-1　网上物流服务程序

步骤	服务内容
第一步	寻找供货网页,互联网在组织信息时把信息放在一起,可以打开供应商的网页,咨询公司的服务、产品、价格、公司概况、经营现状、商誉等情况,极其顺利地进行市场调查,快速地获取全面的信息,在很短的时间内完成网上订货
第一步	打开运输企业网站,选择理想的运输伙伴,在网上签订运输契约
第三步	利用自己公司的网页把本公司推销出去,让人们了解本公司的产品、服务、优势、特点等方面的内容,同时还为本公司客户提供网上订货功能,随时处理顾客的订货要求
第四步	对订单进行分析、统计并选择恰当的运输方式

以上功能是在网上虚拟的环境中实现的,这要求各方建立数据信息库。

(三)第三方物流公司开展电子商务

第三方物流公司扩大到一定规模以后,也希望将业务沿着供应链的上游或下游移动,向上移动到制造业,向下延伸到销售业。第三方物流公司开展电子商务的销售活动,可以利用有利的物流和信息网络资源,使两个领域的业务都做到专业化,使公司利润最大化。物流服务不同于信息服务,它需要专业性很强的管理技术,第三方物流公司进军电子商务的销售和信息服务领域需要三思而后行。美国联邦速递(FedEx)是世界上最大的快递公司,成立于 1973 年。该公司在 200 多个国家和地区通过 300 多个机场从事快运业务,它的物流网络几乎覆盖了世界的每一个角落。该公司拥有货机 600 多架,货车 4 万多辆,为全世界的客户提供 24～48 小时门到门的配送服务,运输量每天大约为 9400 吨。航空货运量每月大约为 280×10^4 吨。FedEx 公司在物流配送领域取得了惊人的业绩。1995 年以第三方物流企业的身份开始从事电子商务业务,1997 年就像一家规范的电子商务公司一样开展电子商务活动,目前业绩非凡。

应根据现有的物流设施和物流手段,扩展电子商务交易商品的范围。在我国,大件物品送货上门的业务已开展十几年了,许多厂家,如家具制造厂,在送货服务、售后服务方面也都有丰富的经验。它们完全能利用电子商务在网上展开商品的式样、质地、材料、性能等的宣传并运用送货的有效手段而成为电子商务的新军。有关资料显示,在我国配送、代理、连锁等流通方式都具备了一定的基础。通过借鉴这方面的经验,应将传统的物流模式转化为电子商务下的新型物流模式。此外,新型的物流配送要有完善、健全的物流配送网络体系,网络上点与点之间的物流配送活动保持系统性和一致性,使整个配送网络具有最优的库存分布、最理想的库存水平、最快捷的市场反应、最快的输送手段等。分散的物流配送单体只有形成网络才能满足更高层次的生产和流通的需要。应大力利用邮政运输部门为电子商务提供物流和配送服务,因为邮政运输网络已经深入农村,包括偏远的小山村,在城市,邮政网点更是覆盖了每一条街区。

　　电子商务的优势之一就是能大大简化业务流程,降低企业运作成本。而电子商务下企业成本优势的建立和保持必须以可靠和高效的物流运作为保证。现代企业要在竞争中取胜,不仅需要生产适销对路的产品、采取正确的营销策略以及强有力的资金支持,更需要加强"品质经营",即强调"时效性",其核心在于服务的及时性、产品的及时性、信息的及时性和决策反馈的及时性。这些都必须以强有力的物流能力作为保证。

第三章　电子商务物流的作业管理

电子商务物流运输的优势是在利用现代化的计算机网络通信技术的基础上，有效整合运输资源，加强各种运输功能和物流之间的联系。各专业物流企业可以与多个运输代理建立长期合作伙伴关系，实现传统业务与网络业务的有机整合。

第一节　准时制(JIT)采购与供应商管理研究

准时制采购是指货物正好在需要的时候抵达目的地。供应商管理主要是对供应商的选择以及与供应商的关系进行管理，其是供应链管理中非常重要的一个环节，有效的供应商管理能够给准时制采购的实施提供保障。

一、准时制采购

准时制采购也叫 JIT(Just in Time 的简称)采购，强调物流到达目的地的准时性。研究数据表明，使用 JIT 采购方式可以降低采购成本 30%到 60%。

(一)准时制采购的基本思想

准时制采购的基本思想就是严格控制生产量和生产周期，保证生产产品的数量正好符合客户的需求以及货物能在客户正好需要的时候送达到客户手中。具体来说，准时制采购的基本思想主要包括以下五方面。

1. 按需生产

JIT 实现的目标就是保证企业只在客户需要的时刻给客户提供需要的产品数量。因此,这就要求企业减少在竞争中的短期行为,降低风险,同时,要明确企业未来的长期发展方向,实行最有效的经济生产方式,提高市场竞争力,并随时调整因市场需求改变而导致的生产产品数量的变化。

2. 会员参与

会员参与的基本思想主要对企业员工进行技能培训,保证员工能够充分认知企业的先进生产理念,并且让先进的理念在具体的生产过程中发挥作用。

3. 消除浪费

为了达到 JIT 的管理目标,就要求企业在所有的工作环节中避免一切的无效作业和浪费,只要是对产品不能起到增值作用或提高附加值的且增加企业生产成本的作业都应该取消。

4. 零库存

由于 JIT 主张货物要在及时的时间出现在正需要产品的客户手中,因此 JIT 任务过多的库存是没有必要且对企业经营有害而无益的。JIT 把追求零库存作为库存管理的最终目标,主张要不断减少企业内部原材料、零部件以及产品的库存量,改进库存管理中出现的问题,以提高企业的经营效率。

5. 追求完美质量

JIT 认为,良好的质量管理是企业长期发展的重要保证,因此,JIT 主张不仅要从商品中发现缺陷和不足从而加以改正,更应该建立完整的质量保证体系,保证产品从原材料的生产和零部件的加工环节就开始接受质量保证体系的检测,从生产质量问题的源头下手,尽可能减少不良产品的数量。

(二)准时制采购的基本模型

准时制采购最先出现在日本的汽车产业,当时的丰田汽车制造公司为了消除汽车在生产过程中的浪费现象,而设立了准时制这种管理模式。当时丰田汽车公司的准时制生产的体系模型如图 3-1 所示。

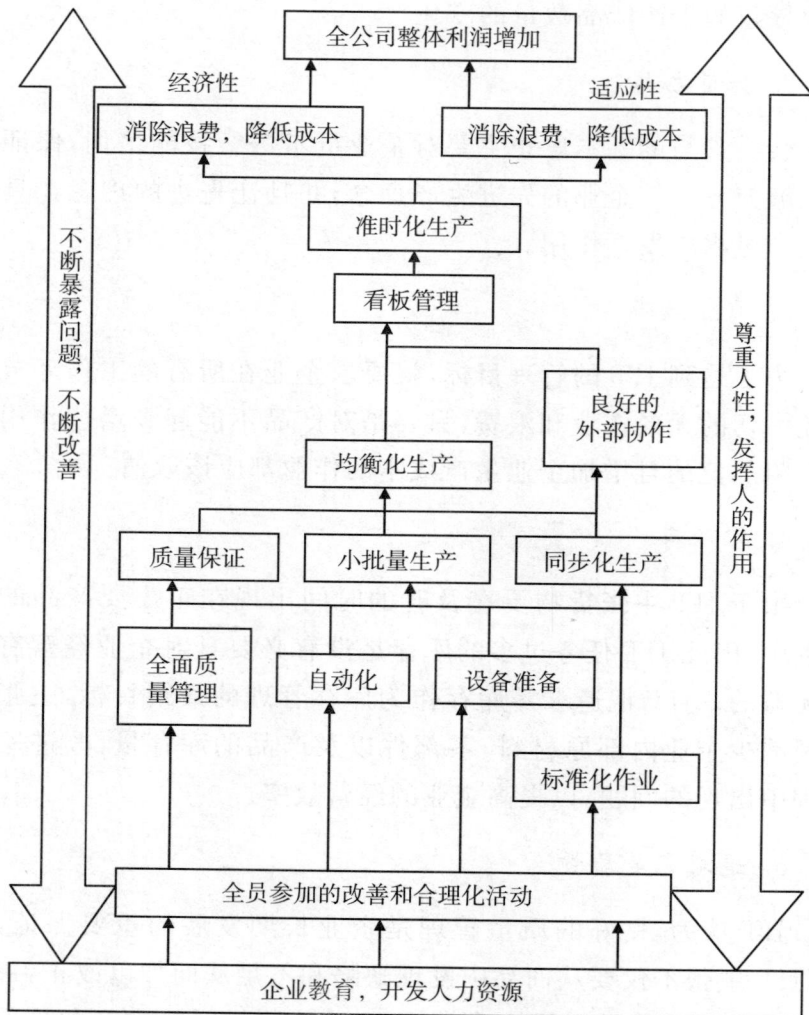

图 3-1 丰田汽车公司的准时制生产技术体系

(三)准时制采购的实施条件

在具体操作过程中,准时制采购的实施条件主要包括以下三点。

(1)选择最佳供应商并且在采购过程中随时对供应商进行有效管理。

(2)加强客户和供应商之间的合作关系。

(3)对采购过程中产品的质量进行严格把关。

二、供应商管理研究

供应商管理是供应链管理的重要内容之一,其可以从以下三方面的内容进行分析和研究。

(一)供应商管理的目标

供应商管理的目标主要包括五个方面的内容,它们分别是:

(1)质量合格并达到数量要求的产品或服务。

(2)以最低的成本获得的产品或服务。

(3)供应商提供的最优质的服务并保证及时送货。

(4)维持良好的客户与供应商之间的关系。

(5)开发潜在供应商。

(二)选择供应商的步骤

在具体选择供应商时,主要要经过以下五个步骤。

(1)成立评估小组,主要负责对供应商进行评估并最终选择合作的供应商。

(2)确定所有的供应商名单。

(3)确定评估供应商的参考指标并确定每一个指标的权重。

(4)按照评估指标依次对每一个供应商的每一项能力进行评估。

(5)综合评分并选出最合适的供应商。

（三）供应商与生产商之间的关系管理

供应商和生产商之间最佳的合作关系是达到双赢的成果。供应商和生产商互相合作，共享信息，从而达到双赢，具体表现在以下四个方面。

（1）制造上应该给予供应商一定的帮助，以帮助其达到成本降低、质量提高的目的。

（2）供应商和制造商之间建立相互信任的合作关系，以降低成本，提高管理效率。

（3）建议供应商和制造商之间建立长期的合作关系，取代短期合同。

（4）制造商和供应商之间应该资源共享，加强信息交流。

第二节　电子商务物流的运输管理

运输是在不同地域范围间（如两个城市、两个工厂之间，或一个大企业内相距较远的两车间、仓库之间）以改变"物"的空间位置为目的的活动，对"物"进行空间位移。运输与搬运的区别在于，运输是较大范围的活动，而搬运是在同一地域之内的活动。运输是包装物流系统中的重要子系统，通过物流运输技术最终实现货物的使用价值和经济价值。公路运输、铁路运输、航空运输、水路运输和管道运输是目前最常见的五种运输方式。

一、物流运输的职能

物流运输是货物的载运和输送的过程，一般情况下主要是在两个不同的地方之间通过运输工具的协助，对货物进行空间移动的过程。通常来说，物流运输有两大职能，一是物品移动，二是短时间产品库存。

(一)物品移动

物品移动是物流运输的第一个功能。无论是怎样的物品,无论物品出于什么样的形式,在运输过程中都发生了空间的转移。运输通过改变物品的位置创造了价值,这是物品运输的空间效应;而物品通过运输可以在需要的时间及时送达客户手中,这就是物品运输带来的时间效应。运输通过创造空间效应和时间效应来实现增值的目的。

(二)短时间产品库存

短时间产品库存是物流运输的另一大功能,其是指将运输工具作为产品短暂的储存场所。一般情况下,如果转移中的产品需要暂时储存,然后又需要重新转移,而装卸和装货的成本比储存在运输工具中的费用要大,则可以考虑此种方法。

二、运输的分类

(一)按运输线路的性质划分

按照运输线路性质的不同可将运输划分为干线运输、支线运输、二次运输和厂内运输。

1. 干线运输

干线运输是指发生在铁路、公路、水路等交通干线上的大批量和长距离运输。这种运输方式是现代物流运输中空间位置转移产生的重要方式。

2. 支线运输

支线运输是在干线运输的基础上产生的。对于干线运输来说,支线运输是其产生的重要前提。没有支线运输,干线运输就不可能产生，也不会有实际的意义。

3. 二次运输

二次运输是指物流系统经过干线运输和支线运输以后，再次将货物运送到更多指定地点的活动。

4. 厂内运输

厂内运输是指工厂企业内部在生产过程中所进行的运输，其又称为工业运输，是工厂企业整个生产活动的重要组成部分。

（二）按运输的作用分类

1. 集货运输

通过小批量和短距离的运输方式，货物被集中在干线运输的产生地，将其集中起来进行运输。集货运输是货物运输的一种表现形式，当然也可以发生在一些支线上。

2. 配送运输

配送运输是指在运输过程中，一些运货需求较小的客户通过合作的方式配货形成足够的运输量，以降低运输的成本。

（三）按运输的协作程度分类

1. 一般运输

一般运输是指运输企业采用单一交通工具的一种运输方式，并没有形成协作的运输关系。

2. 联合运输

联合运输是指运输企业采用多种运输方式或者不同运输企业间相互配合的运输方式。这种方式能够根据不同的情况优化运输方案,达到最终降低运输速度、节省运费的目的。

三、运输方式

(一)公路运输方式

公路运输是指主要使用汽车,也使用其他车辆(如人、畜力车等)在公路上进行货物运输的一种方式。也是我国货物运输的主要形式,在我国货运中所占的比重最大。同时,公路运输与铁路、水路运输联运,就可以形成以公路运输为主体的全国货物运输网络。

公路运输主要承担近距离、小批量的货运,水路、铁路运输难以到达的长途、大批量货运及铁路、水运难以发挥优势的短途运输。公路运输从短途逐渐形成短、中、远程运输并举的局面,将是一个不可逆转的趋势。长途汽车运输也很有市场。另外,公路运输还起到补充和衔接的作用。这是指当其他运输方式担负主要运输任务时,由汽车担负起点和终点处短途集散运输,完成其他运输方式到达不了的地区的运输任务。公路运输得以大幅度增长的主要原因如下。

(1)汽车生产、销售量的提高。

(2)高速公路建设的加快,遍布全国的公路网,提高了汽车运输直接开展"门到门"服务的水平,使客户得到更好的服务。

(3)运输性价比较高,具有价格竞争优势。

(4)汽车生产技术提高,使车辆性能和载重量提高(也造成运输超载的负面问题),也提高了运载能力方面的竞争力。

(5)大型货车增多。

公路运输具有如下优势。

(1)全运程速度快。据国外有关资料统计,一般在中、短途运输中,公路运输的运送速度平均比铁路运输快4~6倍,比水路运输快近10倍。在公路运输过程中,途中不需中转,换装环节少,因此运输速度较快。特别是对于有些限时运送的货物,或为适应市场临时急需的货物,公路运输服务优于其他运输工具。公路运输可以实现"门对门"直达运输,空间活动领域大,这一特点是其他任何运输方式很难具备的,因而公路运输在直达性上有明显的优势。

(2)营运灵活。公路运输有较强的灵活性,可以满足用户的多种要求。它既可以成为其他运输方式的接运方式,又可以自成体系,机动灵活。公路运输能灵活制定运营时间表,可随时调拨,运输中伸缩性极大。再有,汽车载重量可大可小,既可以单车运输,又可以拖挂运输,对货物批量的大小具有很强的适应性。另外,汽车可到处停靠,受地形气候限制小。我国已实现县级以上行政区公路运输全部贯通。

(3)除高速公路外,公路基础设施建设一次投资少(建设投资),资金周转快,技术改造容易。作为工具的汽车,在购买时,费用相对较低,其投资回报期短。

(4)质量保证程度不断提高。货损、货差、安全性是运输中的重要评价标准。由于我国公路网的发展和公路路面等级的提高及汽车技术性能的不断改善,汽车货损货差率不断降低,货物安全水平不断提高,同时由于汽车运输方便快捷,利于保证货物质量,提高了运输货物的时间价值和客户的满意度。

(二)铁路运输方式

铁路运输属于轨道运输,是指利用机车、车辆等运行工具,沿铺设轨道运行的运输方式,是目前我国货物运输的主要方式之一。同时,铁路运输是我国国民经济的大动脉,其与水路干线运输、各种短途运输衔接,就可以形成以铁路运输为主要方式的运输网络。

铁路运输的优势表现在下列四个方面。

(1)运输的准确性和连续性强。铁路运输几乎不受气候影响,一年四季可以不分昼夜地进行定期的、有规律的、准确的运转,保证运输的正常进行。

(2)运输速度比较快。铁路货运速度每昼夜可达几千千米，一般货车可达 100 千米/小时左右，远远高于海上运输。2007 年 4 月，我国铁道部举行新闻发布会介绍第六次全国铁路大提速情况，货运列车的速度提高到了 120 千米/小时。京沪高铁最高时速可达 300 千米以上。日本最新研究的新型磁悬浮列车的运行速度可达到 580 千米/小时。

(3)运输量大，安全可靠。一组铁路列车，可运送 5000 吨左右的货物，这比航空运输、汽车运输的运输量大得多。在货物运输的安全性方面，也较海洋运输为高。

(4)运输成本较低。在整个铁路运输成本中，投资到设备、站点、轨道等方面的固定成本高，占运输总成本的 50%～60%，但这部分成本随着运输量和运输距离的增加，其单位重量的运输固定成本降低。另外，可变成本，包含人员工资、燃油、润滑油和维护成本，这部分成本会随着运输量和运输距离比例变化，占运输总成本的 30%～40%。因此铁路运输适合大批量货物的中长距离运输。铁路运输费用仅为汽车运输费用的十几分之一到几分之一；运输耗油约是汽车运输的 1/20。

铁路运输的劣势表现在下列三个方面。

(1)初期投资大。铁路运输需要铺设轨道、建造桥梁和隧道，建路工程艰巨复杂；需要消耗大量钢材、木材；占用土地，其初期投资大大超过其他运输方式。

(2)建设周期和投资回收期长。据统计，修建 1000 千米的铁路，建设周期需要 3～5 年，而投资回收期需要 30 年左右。

(3)线路固定，灵活性差。铁路运输是固定的线路和站点，货物运输必须按照既定的线路行驶，不能实现"门到门"服务。

从目前来看，随着高速公路运输业的发展，铁路运输在运输行业中所占比例有下降的趋势，但是铁路运输仍然是中长距离、大批量货物运输的主力。

(三)水路运输方式

水路运输是以船舶为运输工具、以港口或港站为运输基地、以水域(海洋、河、湖)为运输活动范围的客货运输方式。水路运输通常又可以分为海洋运输和内河运输。在过去的时间里,水路运输的市场份额有所增长,大批产品如谷物、煤炭、石油、钢铁矿石等的运输适合成本更低的水路运输。水路运输主要用于长距离、低价值、高密度、便于机械设备搬运的货物运输。

水路运输的主要特点如下。

(1)运输能力强,运量大。主要表现为:单体船只吨位和编队运输总量不断加大,这一特征在远洋运输中更为明显。

(2)水运基础设施建设投资小。水运多利用天然航道,投资小,特别是海运航道开发几乎不需要费用。内河运输航道则需要一定的投资,如航道疏通、日常管理等的投资。据测算,开发内河航道运输的投资仅有铁路的 17%左右。

(3)货物运输成本低。水运(特别是远洋运输)因其能力大、运程远、运行费用低,所以运输成本低。据美国有关资料测算,其沿海运输成本只有铁路运输的 12%,其内河干流船运输成本只有铁路运输的 40%左右。

(4)水运多依赖自然资源,所以受环境影响在各类运输方式中最大,如内河枯水期断流或海洋风暴、台风等影响,因而呈现较大的波动性及不平衡性,难以实现均衡生产。同时,在各类运输方式中水运的速度是最慢的,一般船舶航速只有 40 千米/小时,所以不适合短距离运输,而且港口的装卸搬运费用较高。

水路运输主要有以下几种形式。

(1)货物定期船运。又称定期班轮,是远洋运输按确定路线及运行时刻表运行的货船,主要装运杂货等包装货。

(2)不定期船运。发到时间、航期、航线都不确定的货运方式,是按运货要求配船运输。一般装运数量大、运价低的货物。

(3)水陆联运。国际集装箱多式联运及一般水陆联运的水运部分,航线是固定的。

(四)航空运输

航空运输又称为飞机运输,它是根据航空港(飞机场)的起降条件,利用飞机运载工具进行货物运输的一种运输方式。虽然空运在运输业中所占的比重较低,但其拥有很大的发展潜力,重要性越来越明显。目前,在世界范围内,航空运输都处在高速增长阶段。

航空运输的优势主要有运送速度快、不受地面条件影响、安全性较高等。

航空运输的劣势主要表现在下列三个方面。

(1)运输成本高。航空运输的运输成本比公路运输高 2～3 倍,比铁路运输高 12～15 倍。在五种运输方式中其运输费用是最高的,不适合运输低价值货物。

(2)运载能力弱。飞机的舱容有限,对大件货物或大批量货物的运输有一定的限制。

(3)飞机飞行安全容易受恶劣气候影响。

(五)管道运输

管道运输是将管道中的液态或气态货物加压液化使之产生位移的运输方式,主要用于输送石油和天然气,也有煤浆。输送固体货物仅仅是实验,没有达到应用阶段。这是一种运输通道和运输工具合二为一的运输方式,安全、快速、不污染环境,但随着地形的变化,管道或是埋入地下或是架空,铺设技术复杂、成本高,没有得到广泛采用。

四、物流运输网络设计

(一)直接运输网络

直接运输网络指的是,企业的产品会从供应商处直接运送到零售商店进行销售。在此运输网络中,所有的运输路线都是实现确定下来的,因此对于管理者来说,其在每一个运输的过程中只需要确定运输的数量与运输方式。在该种情况下,管理者为了降低运输费用,就需要对货物的运输费用和库存费用进行权衡。

直接运输网络的优点是,不需要中介仓库,降低了成本费用,并且操作简单,易于推行。此外,由于该种运输方式是直接由供应商转移到零售商手中的,因此所耗费的时间较短。与此同时,该项运输决策完全是地方性的,因此每一次的运输决策都不会对其他的货物运输产生影响。

需要注意的是,如果零售店的规模较大,那么每次零售商对商品的需求量应该与运输工具的承载量相接近,才能最大限度地降低运输成本,应选择直接运输网络才是最为恰当的。但是,如果零售商的规模较小,其对商品的需求量也较小,那么选择该种运输方式就会增加企业的运输成本,应该选择其他的运输方式。

(二)利用"Milk Run"的直接运送

"Milk Run"指的是,一辆卡车从一个供应商那里提取货物送至多个零售店时所经历的线路,或者从多个供应商那里提取货物送至一个零售店时所经过的线路。也就是说,使用该种运输方式的,通常是供应商需要将产品通过一个运输工具,来为多个零售商提供货物;或是多个供应商选择使用同一个运输工具,向同一个零售商提供货物。

"Milk Run"线路,是通过多家零售店使用同一种运输工具进行联合运输的方式,在很大程度上降低了运输成本。需要注意的是,如果货物的运输是有一定规律性的、小规模的,并且是经常性的,并且所涉及的多个供应商与零售商在地理位置上极为接近,那么该种运输方式就将在降低运输成本上发挥出巨大的作用。

(三)设有配送中心的运输网络

此运输网络在供应商和零售商中间设有配送中心,首先将货物运送到配送中心,再送到零售店。

企业首先需要根据零售商的空间布局的远近来划分不同的区域,然后在每一个区域中都设置一个配送中心。在货物的配送过程中,供应商首先要将货物运送到区域的配送中心,然后再通过配送中心将货物运送到每一个零售商的手中。

在该种运输方式中,设置有配送中心,其是连接供应商与零售商的纽带,在整体运输中主要发挥着两个方面的重要作用,其一是要对货物进行暂时的保管,其二是承担着转运的责任。设置配送中心的运输方式,主要适用于供应商与零售商之间的距离较远的时候,选用该种运输方式有利于降低货物的运输成本。该种运输方式大大缩短了由供应商到零售商之间的距离,因此会产生巨大的规模效益。

(四)越库操作

配送中心的库存功能并不总会产生经济效益。如果运输经济要求区域内大批量订货,那么配送中心的库存功能就可以为零售商的小规模订货进行送货。但是,如果零售商店的库存规模很大,并且完全可以获取进货规模效益的时候,配送中心的库存作用就失去了应有的价值。在这种情况下,配送中心就需要将货物进行分拆,然后再运送至需求较小的零售商手中,同时还需要对来自不同供应商的产品进行对接。当配送中心进行产品对接时,每个运输工具就可以将来自不同供应商的货物运送到同一家零售商店中。该种运输网络就是所谓的越库操作。

越库操作适用于大规模的、可预测的商品,其需要建立配送中心,可以在进货和出货的过程中,获取巨大的规模效益。

越库操作的优点是,不需要库存,促使整个物流系统中产品的流通速度加快。此外,越库操作由于不需要将货物从仓库中搬进和搬出,因此就降低了处理成本。需要注意的是,在越库操作中,进行货物对接必须有高度的协调性,要与进出货物的步调保持一致,这样才可以最大限度地发挥越库操作的优势。

(五)设有配送中心的"Milk Run"运输网络

"Milk Run"线路主要适用于所有的零售商的规模都较小的

情况。"Milk Run"通过联合的小批量货物的运送方式,可以有效降低送货成本。当每个零售商的订货都不足以装满一辆运输工具,同时使用越库操作和"Milk Run"就可以及时为所有的连锁店提供货物,还可以有效降低运输成本。需要注意的是,使用越库操作和"Milk Run"必须注意高度的协调性,要对"Milk Run"线路进行合理的规划与安排,以便最大限度地发挥该运输系统的优势。

五、物流运输合理化

物流运输的合理化是指在产品的运输过程中,选择最短的距离、最低的运输费用、最合适的运输方式和线路进行物品转移的过程。物流运输合理化不仅可以节约运输成本、提高运输效率,而且有助于减少物品在移动过程中装卸的次数,避免出现物品损耗的情况。

(一)物流运输合理化的影响因素

运输在物流过程中是一个非常重要的环节,物流的合理化在很大程度上要依赖运输的合理化。影响运输合理化的主要因素有以下几个。

1. 运输距离

运距长短是影响运输合理化的一个最基本因素。运输过程中,运输时间、运费、运输工具周转率等都与运输距离存在正比例关系。所以,在运输过程中,要尽量选择短距离路线。

2. 运输环节

运输企业每增加一次运输,就会产生额外的费用。减少一些不必要的运输环节对于合理安排运输活动来说具有极为重要的意义。

3.运输工具

运输工具也对运输成本和运输效率有着极为深刻的影响。不同运输工具的合理安排能够帮助运输合理化,降低成本的同时提升运输效率。

4.运输时间

运输时间是物流过程中必须考虑的一个因素,不仅仅因为物流对象,还因为客户的需求。压缩物流时间,一方面可以降低物流对象的运输废品率,另一方面则可以满足客户的需求。

5.运输费用

运输费用在物流费用中占有很大比例,它的降低在很大程度上将提高企业的竞争力。因此,运输费用也是物流运输方式是否合理化的重要指标之一。

(二)物流运输合理化的途径

(1)提高运输工具实载率。提高运输工具的实载率就是充分利用运输工具的使用空间,尽可能多地在一次运输中增加运输重量,减少运输次数,避免运输浪费的情况发生。

(2)运用配载运输。配载运输是充分利用运输工具载重量和容积,合理安排装载货物的一种运输方式。配载运输往往是轻重商品的合理配载,重质货物在下,同时上面搭载一些轻泡货物,这样在不增加运力及能够减少重质货物运输的情况下,解决了轻泡货的搭运,因而效果显著。

(3)开展联合运输。开展联合运输就能够将公路两端的运输与铁路运输、水路运输、航空运输的干线长距离运输相结合,其运输方式由总承运人具体安排。这样将多种运输方式合理结合起来使用的方法能促进专业分工、提高运输效率,且避免了多种不合理现象的发生。

（4）运用"四就直拨"运输。"四就直拨"运输就是尽可能减少在物流运输中的中转环节，力求以最少的中转次数完成运输的方式。"四就直拨"是按照管理机构预先的计划，将货物分别通过就厂或就站（码头）、就库、就车（船）送达到客户手中，省去了入库的步骤。

六、基于互联网的运输管理

与运输相关活动的管理可统称为运输管理，包括原材料入厂和成品出厂的运输、自有运输、租用或购买运输决策、运输方式及承运人选择、承运人和托运人合同及战略伙伴关系、路线计划、服务提供以及计算机技术等。运输管理部门应该与物流领域内外的一些其他部门密切合作，这些部门包括会计部（运费清单的处理）、工程部（包装、运输设备）、法律（仓库和承运人合同）、制造（准时制送货）、采购（供应商选择）、市场部（客户服务水平）、投诉部（投诉、文档保存）以及仓储部（设备供给、路线计划）。

（一）运输决策管理

运输决策在物流决策中具有十分重要的地位，因为运输成本占物流总成本的比重比其他物流活动大。在分销商品时，企业首先要决策是委托运输还是自行运输。委托运输能减轻企业的压力，可以使企业集中精力于新产品的开发和产品的生产。但是委托运输需要处理与企业外部的承运商之间的关系，增加了交易成本和对运输控制的难度。自行运输便于控制，但是实施低成本、高效率的自有运输需要企业内部各部门之间的广泛合作与沟通。原材料的采购者必须了解什么时候要运输，货物缺失或损坏的代价，还必须了解保险条款、危险物品的运输要求，并需要不断关注运输规章制度。企业选择自行运输的主要原因是承运人不一定能提供自己所需要的服务。企业拥有自己车队的好处是服务可靠、订货提前期较短、意外事件反应能力强。进行是委托还是自行运输的决策时要考虑两者的成本和可行性。运输决策主要涉及运输计划编制、运输服务商的选择、运输路线的选择、运输方式的选择及运输能力配备等。

运输方式的选择是运输决策的一项重要内容。运输方式适当,既能节约时间,又能节省费用。企业要结合自己的经营特点、市场需求的缓急程度、商品性能、对各种工具的运载能力、速度、可靠性、可用性等因素做综合考虑和合理筛选。

承运人的选择要结合企业的具体业务需求,以收货人认为重要的内容为重点。利用承运人的运输记录、客户的意见等对承运人进行正确的评价。

在路线的选择中,不能仅仅以距离的远近为标准,还应综合考虑两地交通便利条件、路面状况、交通成本等因素。

(二)运输成本与定价

运输成本是整个物流系统效益的决定因素之一,其与定价管理是运输管理的重要内容。

1. 运输成本

运输成本是指为两个地理位置间的运输所支付的款项以及与行政管理和维持运输中的存货有关的费用。影响运输成本的因素有距离、装载量、产品密度、空间利用率、搬运的难易等。

在运输管理中,应追求运输成本的降低。降低运输成本的途径主要有改善经营管理,提高物资利用率;以较少的人力消耗完成较多的运输任务,提升劳动生产率;逐步采用先进技术,提高生产技术水平;充分发挥运输设备的效能,提高运输效率。

2. 运输定价

运输服务的定价和生产或装配的产品的定价类似,一般以特定的边际收益来确定运输费率或定价。设施和设备费用为固定费用,维修和运营费用为变动费用。变动费用取决于起终点的长途运输费用和搬运费用。长途运输费用随运输距离和货物重量的不同而不同,搬运费用取决于货物重量。

运输定价的主要方法有:

(1)成本导向定价法。即以产品(劳务)的总成本为中心进行价格制定。此定价法遵循"成本+盈利=价格"的思维,具体有收支平衡定价法、边际贡献定价法和成本加成定价法等形式。收支平衡定价法是运用盈亏平衡分析原理确定价格水平,即在分析已知固定成本、变动成本和销售预测数量的基础上,通过盈亏平衡点来制定价格的方法,其公式为:运价=固定成本×盈亏平衡点周转量+单位变动成本。边际贡献定价法是首先用价格超过变动成本的部分来弥补固定成本。成本加成定价法以运输总成本为基础,加上预期的利润来确定运价,其公式为:运价=运输总成本(1+成本利润率)×运输周转量。

(2)需求导向定价法。需求导向定价法是根据货主的接受程度,选择一个最佳的价格水平。定价的逻辑关系是:价格-盈利=成本,具体有权衡比较定价法、需求差异定价法和逆向倒推定价法等形式。权衡比较定价法是基于运输收入取决于价和量两个因素,考虑运价与货运量的关系进行定价。需求差异定价法是根据市场需求的时间差、数量差、地区差、消费水平及心理差异来制定价格。逆向倒推定价法是先根据市场可接受的价格,计算本企业从事生产经营的成本和利润后,逆向倒推该产品或劳务的价格。从市场需求出发来定价,力求价格为货主接受。

(3)竞争导向定价法。这种方法是以竞争产品的价格为基础,制定本企业产品的价格。竞争者的价格发生变化,企业也要随之调整价格。具体有渗透定价法、流行水准定价法、优质优价定价法。渗透定价法以提高市场占有率为目的,是以能打入市场、打开销路为标准进行的定价。流行水准定价法是参照本行业的主要竞争者的价格来制定价格的方法。优质优价定价法是指在运输企业能提供高于平均服务水平的运输劳务时可采用高价策略,并可随销路的增加和市场占有率的提高来提高运价的方法。

（三）运输相关法律

（1）装卸、搬运相关的法律法规。装卸搬运较少有独立的针对性的法律法规，多数是与运输、仓储等适用的法律法规相关，有《中华人民共和国合同法》《中华人民共和国铁路法》《中华人民共和国民用航空法》《铁路货物运输管理规则》《中华人民共和国海商法》《汽车货物运输规则》《国内水路货物运输规则》等。较有针对性的法规、标准或公约有《港口货物作业规则》《铁路装卸作业安全技术管理规则》《铁路装卸作业标准》《汽车危险货物运输、装卸作业规程》《国际贸易运输港站经营人赔偿责任公约》《国际海协劳工组织装箱准则》等。

（2）与运输交接相关的法律法规。有关运输的法律法规比较健全，体系也很庞大。下面主要是运输法规中涉及货物运输和交接方面内容的法律法规。具体法律有《中华人民共和国海商法》《中华人民共和国铁路法》《中华人民共和国民用航空法》《中华人民共和国合同法》运输合同分章。相应的法规主要有《中华人民共和国国际海运条例及其实施细则》《国内水路货物运输规则》《铁路货物运输管理规则》《汽车货物运输规则》《中国民用航空货物国际运输规则》《国际货运代理业管理规定》等。与货物运输交接有关的国际公约有《海牙规则》《维斯比规则》《汉堡规则》《铁路货物运输国际公约》《国际公路货物运输合同公约》《华沙公约》《海牙议定书》等。

第三节　电子商务物流装卸搬运的方法与合理化研究

在工业尚不发达的年代，货物装卸主要依靠人力来完成，装卸现场的劳动强度大、劳动环境艰苦。在发展中国家，即便到了今天，仍有相当部分的装卸活动依然是依靠人力来完成的。改善装卸作业的环境,提高装卸效率是物流现代化的重要课题。装卸的机械化不仅可以减轻人的作业压力,改善劳动环境,而且可以大大提高装卸效率,缩短物流时间。

一、装卸搬运的概念、特点及作用

(一)装卸搬运的概念

装卸搬运是将各个物流环节衔接起来的一个重要环节,直接将物流运动的各个环节链接成为"流",使物流的概念能够名副其实。通过人力或者物力的方式,装卸搬运实现了货物和运输车辆直接的沟通,具体地说则是对货物进行分门别类的装载、卸货、移动和分拣等方面的作业。

与装卸相类似的词汇还有搬运,一般来说,搬运是指物体横向或斜向的移动,装卸是指物体上下方向的移动。广义的装卸则包括了搬运活动。此外,搬运与运输的区别主要是物体的活动范围不同。运输活动在物流节点之间进行,而搬运活动则在物流节点内进行,而且是短距离的移动。

(二)装卸搬运的特点

1. 附属性和伴随性

装卸搬运诞生于物流的开始与结束的环节,是其他物流活动得以完成的必不可少的一个构成部分。例如,从配送的角度来看,产品搬运到物流车队中,到达目的地以后又要交给客户,这些过程中都需要装卸和搬运。

2. 支持与保障性

附属性和伴随性的特点决定了装卸搬运对物流活动的支持、保障作用。这种作用在某种程度上对其他物流活动还具有一定的决定性。例如,装卸搬运会影响其他物流活动的质量和速度,只有完美的装车,才不致在运输途中出现货物散落、丢失或出现不必要的安全问题;只有顺畅的卸车,才能保障下一步物流活动的进行。因此,物流活动只有在有效的装卸搬运支持下,才能实现高效率运作。

3. 衔接性

装卸搬运在物流活动中起衔接作用,是物流各活动之间有机联系和紧密衔接的关键。顺畅的衔接才能产生高效的物流,如集装箱多式联运,正是运用适宜的运输载体(集装箱),良好的装卸搬运设备(集装箱门吊、叉车等),使一贯性运输得以实现。

二、装卸搬运方式

(一)按装卸搬运的作业方式分类

(1)吊装吊卸法(垂直装卸法)。采用各种起重机械从货物上部起吊,依靠起吊装置的垂直移动实现装卸,并在吊车运行的范围内或回转的范围内实现搬运或依靠搬运车辆实现小搬运。由于吊起及放下属于垂直运动,所以这种装卸方式属垂直装卸。

(2)滚装滚卸法(水平装卸法)。这种方法以改变货物水平方向的位置为特征,各种轮式、履带式车辆通过站台、渡板开上开下装卸货物,用叉车、平移机装卸集装箱、托盘等。

(二)按装卸搬运对象分类

(1)散装货物装卸。指对煤炭、粮食、矿石、化肥、水泥等块状、粒状、粉状货物进行的装卸搬运。其特点是一般从装点直到卸点,中间不再落地。

(2)单件货物装卸。指对以箱、袋等包装形态名称的货物进行单件、逐件的装卸搬运。

（3）集装货物装卸。指先将货物集零为整，形成集合包装或托盘、集装箱等集装货物，再进行的装卸搬运。

三、电子商务物流装卸搬运的设备

（一）装卸搬运设备的类型

装卸搬运设备是指工厂内、仓库内、货物中转中心、物流配送中心等物流现场用来从事货物装卸搬运运用的各种机械设备的总称。装卸搬运设备是进行装卸搬运作业的物质基础，它的技术水平是装卸搬运作业现代化的重要标志之一。对设备的类型、主要参数以及各种类型机械特征的了解，是使用选择装卸搬运设备必须具备的条件。常用的装卸搬运设备有以下几类。

1. 起重设备

起重机是将货物吊起，在一定范围内做水平移动的机械设备。起重机按其构造或形状可分为吊车、悬臂起重机、桥型起重机、集装箱起重机、巷道堆垛机或库内理货机、汽车起重机、龙门起重机等各种悬臂（转臂）式起重机等。

2. 输送设备

在物流中心的内部作业中，如果搬运的数量非常大且是连续作业，输送机的采用就非常有效且合适。输送机按自动化水平可分为无动力式（重力式）、半自动化、自动化和无人化四种；输送机按形式的不同，又可分为滚筒输送机、皮带输送机、搁板输送机、悬吊式输送机、可积累式输送机、链条输送机、可伸缩式输送机和自动分类输送机等。

未来的物流中心厂房有朝高楼发展的趋势，但是传统的电梯无法满足物流频繁的进出库作业，唯有利用高速的垂直输送机。垂直输送机按货物形态不同可以分为托盘式和箱式两种，若按进、出口来分则有单进单出的垂直输送机和多进多出的垂直输送机两种。

3.升降机和绞车

升降机和绞车是使物体做垂直方向移动的机械。升降机被广泛应用于多层楼房仓库。绞车是使用缆绳和链条吊升重物的装置,有电动和手动两种。

升降机又称堆高机,搬运效率非常高且富有机动性,是仓储搬运作业中使用最普遍的搬运设备。堆高机的种类形式非常多,若按动力来区分,有人力、电力、天然气动力及柴油动力四种。若按功能来区分,有油压拖板车、电动拖板车、手动式堆高机、配重式堆高机、伸缩式堆高机、窄道式堆高机、拣货式堆高机、薄片式托盘专用堆高机、无人堆高机等。

在操作堆高机时必须注意其动力、最大荷重、最大扬高、直角作业宽度、机高和机宽等几个因素。

4.工业车辆

在厂区、仓库、运输的起止点专用于搬运的车辆统称为工业车辆。工业车辆有用内燃机(汽油、柴油)做动力的,也有使用电池组驱动的。工业车辆的分类主要有叉车、拖车、卡车、手推车、手推托盘车、电瓶车、牵引车、台车、搬运车、跨运车等。在物流现场使用最多的是叉车,从其基本构造来说有平衡重式、前移式、侧叉车。

5.专用设备

专用设备包括翻车机、堆取料车、堆垛机、拆垛机,以及分拣专用设备、集装箱专用装卸机械、托盘专用装卸机械、船舶专用装卸机械、车辆装用装卸机械。

(二)装卸搬运设备的选择

在物流系统中,运输上往往会根据不同类型的货物、不同的场所选取不同的装卸搬运设备。搬运设备的选择无论对于降低搬运费用,还是提高搬运效率,都有非常重要的意义。

从成本控制的角度看,装卸搬运设备的选择应从提高效率降低成本的方面进行考虑。货物的运输特性、作业特性和机械特性都是物流公司应考虑的一些重要方面[①]。

四、装卸搬运的原则与合理化

(一)影响装卸搬运合理化的基本因素

由于装卸搬运活动对物流活动的费用、工作效率及物品损坏率存在较大影响,所以在进行该项活动时应尽量使之合理。一般来讲,影响装卸搬运合理化的主要因素有以下五点。

1. 从事装卸搬运的人

一般来讲,人是装卸搬运工作的主体,不论是自动化装卸搬运作业,还是人工装卸搬运作业,只要存在装卸搬运活动,就需要人付出体力、智慧。装卸搬运是物流中一项高劳动密集型的活动,因此从事装卸搬运活动的人的素质和劳动效率的高低必然会极大地影响物流体系的整体效率和效益。

2. 装卸搬运的物品

在装卸搬运中要充分考虑物流对象的特点,要根据"物"的性质、形态、重量、大小等的不同,选择适宜的搬运方式。

3. 搬运的场所

搬运场地如车站、港口、机场、企业仓库等对搬运方式、设备的选择也有较大影响。因此在实施合理的装卸搬运时,必须考虑货物所在的场所。

---

① 毕娅. 电子商务物流[M]. 北京:机械工业出版社,2015,第143页.

4. 搬运的时间

装卸搬运的时间,就是指装卸搬运所需的时间、频度、时期等内容。针对不同的物及不同的场所,必须采用不同的时间安排,如连续流通装卸搬运方式和间隔成组装卸搬运方式等,才能实现装卸搬运的合理化。

5. 装卸搬运的手段

随着科学技术的进步及物流的发展,装卸搬运向自动化迈进,其手段也出现多样化。一般来讲,在人、场所以及时间都相同的前提下,要综合考虑多方面因素,选择最优手段和方式。不同的装卸搬运手段所达到的效果必然是不同的,其中只有一种或极少几种才是效率最高的。

(二)装卸搬运合理化原则

1. 优化装卸程序原则

在装卸搬运时,要研究分析装卸搬运各环节的功能及其必要性,取消、合并装卸搬运环节及次数,消灭重复无效、可有可无的装卸搬运作业。

2. 单元化原则

单元化原则是指将物品集中成一个单位进行装卸搬运的原则。在物流作业中应广泛使用托盘,通过叉车与托盘对货物进行单元化搬运,既可提高装卸搬运的效率,又可防止货物损坏和丢失,货物数量的确认也会更加容易。

3. 巧装满载原则

巧装满载原则就是要巧妙装配,使装载工具满载,使库容得到充分利用的原则。在装卸搬运时,要根据货物的特性以及货物的去向、存放期限、车船库的形式等,恰当装载。

4. 移动距离(时间)最小化原则

搬运距离(时间)的长短对搬运作业量大小和作业效率影响较大,因此,在进行出入库作业程序设计、货位布局、车辆停放时,应该充分考虑物品移动距离(时间)的长短,以物品移动距离(时间)最小化为设计原则。

5. 系统化原则

系统化原则就是运用综合系统的观点,将各个装卸搬运活动作为一个有机整体实施系统化管理,从而提高装卸搬运活动之间的协调性及柔性,以适应多样化的物流需求。

(三)装卸搬运合理化的方法

装卸搬运的合理化对于物流的合理化具有重要意义,具体来说,装卸搬运的合理化可以通过以下几个途径实现。

1. 防止无效作业

无效装卸是指消耗必要装卸劳动之外的多余装卸劳动。具体反映在以下几个方面:过多的装卸次数;过大的包装装卸;无效物质的装卸。

影响装卸次数的因素很多,但主要有两个方面:一是物流设施和设备;二是作业组织与调度。

(1)物流设施、设备对装卸次数的影响。厂房、库房等建筑物的结构类型、结构特点及建筑参数,对装卸次数会产生直接影响。如厂房、库房选择地址、单层建筑,有足够的跨度和高度,库门尺寸与进出库机械设备的外廓尺寸相适应。装卸运输设备能自由进出,直接在车间或库房内进行装卸,以减少二次搬运。

(2)装卸作业组织调度工作对装卸次数的影响。在物流设施、设备一定的情况下,装卸作业组织调度工作水平,是影响装卸次数的主要因素,如组织联合运输,使各种运输方式在同一种运输方向、不同运输工具之间紧密衔接,在中途转运时卸车(船)与装车(船)一次完成,即货物不落地完成运输方式和运输工具的转换。又如对到达车站、码头的货物,在可能的情况下,应尽量就站、就港直接中转发运,不必再进中转仓库。对于工厂而言,减少装卸次数的途径主要是合理设计生产工艺流程,从原材料投入到产成品出来形成流水作业线,增强各车间、各工段、各环节的生产连续性。

2. 充分利用重力

在装卸过程中,货物要经历垂直和水平方向的位移,利用重力可以实现装卸过程中的省力化。充分利用重力的方式主要有在火车、卡车或站台上将小型运输带斜放来进行货物的装卸,这样利用货物的重力可以节省装卸时的劳动。第二种方式是用器具承担货物重力的方式代替手动,将货物放在台车上,运用器具和设备对货物进行装卸。

3. 装卸搬运自动化

随着生产力的快速发展,装卸搬运自动化已经经历了自动化物料搬运、集成化物料搬运系统以及智能型物料搬运系统三个阶段,而且实现装卸搬运的自动化有利于提高装卸搬运的灵活度和自动化程度,节省了大量劳动力,提高了装卸搬运的效率。

五、电子商务物流装卸搬运的未来趋势

(一)自动化装卸搬运设备

1. 信息导向系统

信息导向系统是一个全新的概念,并且是一个有待于研究和发展的课题,它把自动化作业控制和机械化的灵活性紧密地结合起来。常见的由信息来指导物料搬运装卸作业的系统有无线电

频控制设备和灯控操作。

（1）无线电频控制的作业设备。射频通信（RFDC）技术可以控制和管理标准的、机械化的物料装卸搬运作业设备，它可以通过信息技术为操作人员提供实时的方向和控制，常见的应用是将RFDC技术用于叉车。目前，利用 RFDC 指导叉车作业的应用已经成为高度整合的物料搬运装卸作业系统中非常重要、不可分割的一部分。

（2）光导拣货系统。利用光导拣货系统，拣货作业人员从光照的旋转位置或在储存箱里挑拣指定的产品，并且直接把货物放进货箱里或传送带上。每一个选择位置的前面都有一系列光亮或光束，这些光亮也能表明从每个位置所拣的货物数量。光导系统的使用也使拣货作业更加便利。在系统中，如果针对某一种产品需要完成多个订单的装货，分拣指示码将显示给拣货作业人员每个货箱到底需要多少件该种产品才能够满足某一订单的需要。另外，光导拣货系统是由光导选货，分拣作业人员把分拣出来的产品放进光照的货箱中。每一个货箱都分配给特定的订单或客户，因此特定的光线可以说明哪一个客户应该接收哪一种货物。

2. 自动导向车

自动导向车（Automated Guided Vehicle，AGV）能用于取代机械化的拖车，两者之间的本质区别是 AGV 是无人驾驶，可以自动运行和定位。AGV 设备主要依靠光导或磁导系统来进行运作。在光导应用系统中，方向导线置于仓库的地板上，通过聚集在指导路线上的光束来引导 AGV 运作。AGV 的主要优点是直接人力的大幅减少和预先确定了仓库货运的方向。新式的 AGV通过录像和信息技术作业时必须频繁、不断重复地工作，因此仓库常常是比较拥挤的区域，而 AVG 的低成本，尤其是更高的灵活性，大大地提高了仓库中进行物料装卸搬运作业的能力。

3. 工业机器人

工业机器人是一种能自动定位控制、可重复编程、多功能、多自由度的操作机,它能搬运材料、零件或操持工具,用以完成各种作业。机器人技术的优点在于利用专业系统就能指导机器人进行作业的功能程序。

在仓储活动中,机器人技术主要应用于单元装卸和单元拆分。在单元拆分过程中,机器人可以按照设定的程序对组合装载的堆放模式进行区分,并把货物放在传送带的理想位置上。使用机器人完成单元装载的过程正好与之相反。在仓储活动中,机器人技术的另一个用途表现在人力难以发挥作用的作业环境里,如高噪声环境中的物料处理作业、危害性材料、极点温度时的作业(如冷冻食品)等。

(二)采用先进技术不断提高装卸机械性能

1. 装卸机械采用新材料、新工艺

采用轻金属材料(铝、镁、钛等)和新型合金(非晶态合金、形状记忆合金等)、非金属材料(工程塑料、精细陶瓷、橡胶等)、复合材料(FRP、FRM、FRC 等)替代钢铁材料,以增加装卸机械的强度、降低质量。

2. 物流装卸工作的智能化

装卸工作的智能化是现代人工智能技术在物流领域的应用,是将设备的局部自动化纳入整个计算机控制和管理网络系统。计算机之间,数据采集之间,机械设备的控制器之间,它们与计算机之间的联系完全做到智能化,可以及时地汇总信息,做出最优的决策或指令。

3. 装卸机械的自动化

装卸机械总的发展趋势是,所有的物流装卸机械都可以实现自动控制,进一步节省时间,提高效率和工作质量。

第四节 电子商务物流的仓储管理研究

一、仓库规划

（一）仓库结构规划

1. 仓库总体构成

（1）生产作业区是堆存商品、运输商品的场所，也是仓库的主体部分。具体而言，仓库的生产作业区主要包括铁路专用线、储货区、装卸台、道路等。

（2）辅助生产区是为实现商品储运保管工作的辅助车间或服务站，一般包括维修车间、变电室、油库、车库等。

（3）行政生活区不同于生产作业区和辅助生产区，其功能是保证生产作业能够正常、持续进行，便于业务接洽和管理的仓库行政管理机构和生活区域。行政生活区与生产作业区分开，并保持一定的距离，这样做能够具有两点好处，其一能够保证仓库的安全，其二能够保证行政办公和居民生活的安静。

2. 仓库结构设计

仓库结构直接决定了仓库的功能。在进行仓库结构的设计时需要注意以下几个方面的内容。

（1）立柱间隔。库房在建立的时候会根据需要设立一定的立柱，这些立柱的存在能够保障库房的安全，例如，当平房仓库梁的长度超过 25 米时必须设立立柱。但是库房内的立柱会影响出、入库作业，降低保管效率，因此理想的情况之下应该是立柱的数量越少越好，但是在现在的条件之下建立无柱仓库具有很大的困难,最好是设立中间的梁间柱,从而使仓库成为有柱结构,而且对于出入库作业的影响还很小。

(2)天花板的高度。仓库天花板的高度在合理的情况之下能够满足仓库的机械化、自动化作业。即在设计天花板高度时要充分考虑仓库建成投入使用后,需要使用什么样的仓储装卸工具,根据这些工具的某些特殊要求来设计。

(3)地面。地面的构造主要考虑地面的耐压强度。通常的,地面的负荷能力是由保管货物的重量、所使用装卸机械的总重量、楼板骨架的跨度等所决定的。而流通仓库的地面承载力,还要保证重型叉车作业的足够受力。

(4)平房建筑和多层建筑,在设计仓库结构的时候需要考虑多方面的因素,选择适合的建筑形式。例如,为了能够进行合理的出入库作业,避免储存商品的上下移动,仓库结构应尽可能地采用平房建筑。但是,在城市内,特别是在一些商业比较发达的中心地区,土地的价格比较昂贵而且数量较少,为了充分的利用土地,应该尽可能地选择多层建筑,只是在选择这样的建筑物时需要注意上下楼的通道设计。

(5)仓库出入口和通道出入口的位置和数量一般由多种因素决定,例如,"建筑物主体结构""库内货物堆码形式""建筑的开建长度、进深长度""出入库作业流程""出入库次数"以及"仓库职能"等因素都能够影响仓库出入口的位置和数量。在进行仓库出入口尺寸的设计时,尺寸的大小主要由进出库卡车的种类、数量和尺寸等因素决定。库内的通道能够保障库内作业的顺利进行,正常情况之下通道应延伸至每一个货位,便于在每一处进行通道作业,而不能有任何的阻拦。

(二)仓库布局规划

仓库的各个组成部分构成了仓库的布局,在进行仓库的科学布局时需要将仓库的组成部分,如辅助建筑物、货棚、货场铁路专用线等,在规定的范围内,进行科学的安排,能够使仓库作业高效地进行。

1. 仓库布局规划的原则

（1）尽可能地采用单层设备，这样可以提高仓储的作业效率。

（2）尽量使货物在出入库时是单向和直线运动。

（3）尽可能采用先进的设备和操作流程。

（4）尽可能在仓库里采用有效的存储计划。

（5）尽量减少通道所占用的空间。

（6）尽量利用仓库的高度和容积。

2. 仓库总平面规划布置的要求

（1）要适应企业规划

便于企业的仓储活动总平面规划布置的具体操作如下：第一，单一的物流方向；第二，最短的运距；第三，最少的装卸环节；第四，最大地利用空间。

（2）有利于提高仓库使用效率

提高仓库使用效率的方法主要有以下几个：第一，要因地制宜，并充分利用仓库的范围；第二，布置应与竖向布置相适应；第三，总平面布置应满足机械化设备充分、合理地使用。

（3）有利于保证安全生产和文明生产

保障安全和文明生产的方法应从以下两个方面考虑：第一，库内各区域间、各建筑间满足我国的《建筑设计防火规范》的有关规定，做好防火措施；第二，总平面布置应符合卫生和环境要求。

（三）仓库使用规划

在物流管理活动中，为了方便作业，提高闲置的库场利用率，提高物流过程中的作业效率，并在货物保管质量方面有较大提高，会在此过程中，按照专业化、效率化和规范化的原则，对仓库的使用进行分工和区分，这就是所谓的仓库使用计划。对货位进行合理安排，对作业路线进行合理布局，同时在仓库使用方面，充分保证使用合理,不仅可以实现仓库的利用率,同时可以提高作业的效率。

仓库的使用计划可以从以下几个方面来分析。

1. 仓库使用规划的原则

(1)充分利用仓库。仓库使用计划是指根据现有仓库的设备条件、场地特性进行详细的考察,并在此基础上进行周密的分析,进而对仓库的每一个空间进行合理充分的利用。作业便捷的货位适用于那些周转量比较大的货品仓储,那些适宜长期储存的货品则采用不便操作的货位。对作业的路线进行合理规划,不仅可以实现仓库面积的利用率,同时还能保证进出库作业的快捷。因为不同的仓储物、不停地作业方式适用的作业类型(包括分散作业和集中作业)不同,因而在规划作业区时,要根据仓储的作业需要对其进行针对性的规划。

对管理幅度进行合理划分,不仅可以使相关的管理人员明确自身的管理行政职责,同时还可以对员工进行激励与监督。员工的业绩考核有准确的标准,可以减少管理重叠、作业较差现象的发生,并很好地避免真空地带的出现。

(2)仓库专业化。现代社会进行大生产的一个很重要的标志,就是实行了作业过程中的分工和专业化。对所有从事社会生产的企业而言,进行作业过程中的分工和专业化都是必不可少的,仓库生产作业是如此,仓库管理过程同样是如此。

(3)效率化。除了上述中提到的通过仓库专业化,进而保证仓库管理质量的提高之外,仓库使用规划还有一些重要的目的,包括:保证仓库管理和仓库作业在整个物流过程中实现高效率运行,进而使货物的周转速度在此过程中得到提高,并能够有效地减少压仓压库的现象。

仓库的生命就在于高效率的周转,对于中转型仓库来说,更是如此。货物进出的便捷、作业速率的高效、作业的方便对于提货人和送货人来说,是一个十分重要的因素。制定稳定的仓库使用规划,不仅固定库位的使用,同时,还可以保证员工对仓库的熟悉程度,保证其在进行货物查询时的方便快捷。

2. 仓库使用规划的内容

仓库使用规划是在正确选择仓库地址和仓库合理布局的基础上对库区的总体设计,其涉及的范围比较广,内容也比较多。但是就其总体而言,其内容主要包括以下几个方面。

(1)仓库总体布局。

(2)仓库专业化分工。

(3)仓库员工分工和管理范围。

(4)仓库货位安排和用途,作业道路和仓库的作业流程。

(5)仓库未来发展。

(6)仓库主要经济指标。

在进行仓库使用规划时,如果充分考虑以上几个方面的内容,科学地对以上几个方面的内容进行规划和设置,仓库将会给企业带来更高的效率,为企业竞争带来更大的优势。

3. 仓库使用规划的要求

仓库在进行规划时,应该满足以下几个方面的要求。

(1)仓库位置在设计时应该满足库内区域划分明确、布局合理的要求,便于货物的入库、装卸和提取。

(2)对于不同的货物应该提供不同的仓库类型,这样做不仅能够满足专业化服务的要求,也能使货物的入库、装卸和提取方便、快捷。例如,可以分开设置集装箱货物仓库和零担仓库;在充分利用仓库空间的基础之上,尽量减少货物在仓库内的搬运距离、迂回运输等问题。

(3)采用现代化的操作流程和操作机械,提高仓储的运作效率。

(4)满足防火、安全等要求。

(5)科学地进行仓库货门的设置,必须注意两点内容:其一,集装箱和货车集中到达时的装卸作业要求；其二，由于增设货门而造成堆存面积的损失。

二、库存管理

(一)库存管理概述

凡是处在储存状态的物资，都可以称作库存物资。储存状态，有比较广泛的含义，它既包括仓库中的物资，也包括不存在于仓库中的物资，无论是长期和短期的储存，还是临时性的储存，都是库存物资。例如，在途物资，零售商店里货架上的存货，或者是临时性堆放在生产车间里的在制品或原材料，都可以称作库存。

库存物资按其所处的领域分，可以分为生产性库存物资和流通性库存物资。生产性库存物资是为生产的各个环节顺利进行提供物资准备的库存，主要包括原材料、零配件和在产品等。流通性库存物资是指在流通过程中准备用于批发、零售等销售环节的库存物资，主要包括生产企业的成品、流通企业的批发、零售等物资。

库存管理就是对库存物资的管理，主要包括库存业务管理、库存物资品种数量的管理、库存成本管理和库存量的控制管理。库存管理的核心问题就是库存控制。

库存管理的宗旨或目标主要是在保障供应的前提下尽可能降低成本。拥有足够的库存是为了满足用户对产品的需求，不至于因库存短缺而停产或丧失销售机会，同时可能在规模生产、运输和购买折扣中获得成本的节省。但持有存货是需要付出成本的，如资金占用、库存物资保管、库存损失和库存风险等。因此，库存管理就是要通过科学而巧妙的运作，做到既保障供应，又要降低成本。

(二)库存控制管理的具体方法

1. 快速响应(QR)

快速响应(Quick Response,QR)是指供应链中的企业面对多品种、小批量的买方市场,不是储备了"产品",而是准备了各种"要素",在用户提出要求时,能以最快速度抽取"要素",及时"组装",提供所需要的产品或服务。快速响应方法最早出现在美国纺织服装业,QR 对零售商和供应商的要求是,两者必须一起工作,通过共享信息来进行产品未来的需求预测,并且要求供应商和零售商在合作的过程中不断寻求新的发展机会,以达到对客户需求的最快反应。QR 实行的目的是减少从原材料到销售阶段期间内供应链上的库存,从而实现降低供应链库存成本的目的,切实提高供应链管理的效率。

信息技术的发展为物流效率的提高创造了条件,而且减少了传统上按预期的客户需求进行过度库存的情况。快速响应把供应链管理的重点从根据预测和对存货储备的预期转移到提高运输效率上来。目前,大部分零售商都采用了 QR 方法来提高自身竞争力。随着零售商和供应商结成供应链战略联盟,竞争方式也从企业与企业间的竞争转变为供应链联盟与供应链联盟之间的竞争。

(1)快速响应的实施

①对所有的商品单元条码化,利用 EDI 传输订购单文档和发票文档。

②增加内部业务的处理功能,运用 EDI 技术传输更多包括发货、收货通知在内的文档。

③供应链管理体系中的伙伴要加强合作,采用如联合部或系统等高级策略对客户的需求及时做出回应。

(2)快速响应成功的条件

除了按照上述的实施步骤进行操作之外,要保证快速响应的成功,还需要以下五个条件。

①创新运营方式和经营理念,完善组织结构,提高组织效率,消除因重复作业带来的成本增加和效率降低,优化分工模式。

②开发和应用现代信息处理技术。通过利用信息技术实现作业的无纸化和自动化。各企业可以通过 POS 数据在直型 QR 内部进行信息的公开和交换,这样有利于整个供应链管理效率以及供应链上各企业经营效率的提高。

③供应链内部应加强合作,各方应建立起密切的合作关系,通过共享资源提高经营效率。

④消除传统做法中对信息保密的做法。供应链系统内部各方做到信息共享,将销售信息、库存信息、生产信息、成本信息等与合作伙伴交流共享。此外,合作伙伴应该一起发现、分析、研究和解决问题。

⑤缩短产品生产周期,减少库存。企业可以采取多品种少批量生产的方法来降低库存数量,还可以通过多频度派送的方式来提高服务水平。在紧急情况下还可以采用 JIT 的方式生产,从而减少不必要的库存。

2. 连续补货(CR)

连续补货(Continuous Replenishment,CR)是指利用及时准确的销售时点信息确定已销售的商品数量,根据批发商或零售商的库存信息和预先规定的库存补充程序确定发货补充数量和配送时间。连续补货是快速响应的一种改进,是一种供应链物流系统下的高效管理运营模式。具体来说,连续补货就是指供应商和用户之间建立长期伙伴关系,供应商根据用户每天提供的库存信息和销售数据的要求,给用户下订单或提供补货。

世界著名商业零售巨头沃尔玛公司的补货策略对连续补货是一个很好的诠释。沃尔玛公司对每一种商品都制定了安全库存水平,一旦有商品的库存量低于安全库存水平,沃尔玛的计算机系统就会立刻通过网络向供应商要求补货。同时,沃尔玛店铺近期的销售记录也可以反过来帮助供应商分析出各种产品的销售趋势,供应商以库存数据为基础,兼顾物流成本,确定向沃尔玛提供补货的时间和方式。沃尔玛公司采用的这种策略是典型的连续补货模式。需要注意的是,在连续补货策略中,客户负责连续补货的决策。

经过进一步的发展,连续补货由 IBM 开发成为连续补货系统(Continuous Replenishment Practice,CRP)。宝洁公司首先尝到了连续补货系统的甜头,它们在与零售商合作实施连续补货系统后,库存周转率提高了 107%,库存周转期缩短了 12.5 天,商店销售服务满足率提高了 2%,平均达到 99%,最终使宝洁公司的销售量增加了 2%。

3. 供应商管理库存方法(VMI)

供应商管理库存方法(Vendor Managed Inventory,VMI),是指一种将掌握零售商销售信息和库存数据作为市场需求预测和库存补货的库存管理方案。供应商由于掌握销售信息而能及时了解消费需求信息,从而可以更快速、有效的对市场变化以及消费者需求做出反应。VMI 最早在 1958 年被提出,是 QR 方法的一种延伸。

由于供应商管理库存的方法以信息为重要环节的特征,因此,它可以作为降低库存量、改善库存周转,进而保持库存水平的最佳选择。同时,由于在这个库存管理过程中,用户和供应商分享了销售信息和库存数据,因此二者都可以对市场需求的变化和消费者的需求及时做出反应,改善需求预测以及补货计划。

VMI 的系统构造如图 3-2 所示。

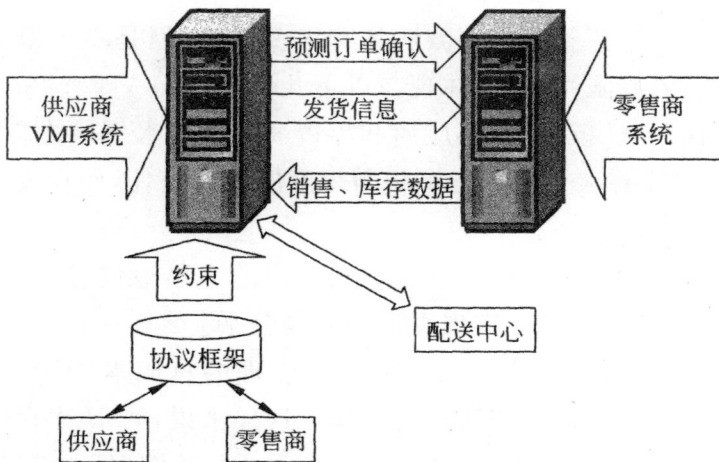

图 3-2　VMI 的系统构造

（1）VMI 的优点

供应商管理库存的方法不仅降低了供应链的库存管理成本，而且提供给用户高效的服务，优势明显。实施 VMI 的优点主要包括以下几个方面。

①省去销售商众多不必要环节和订货部门，提高销售商的工作效率和服务水平。

②通过拥有库存和有效管理，供应商可以及时对各个零售商的生产和配送进行协调。

③供应商由于掌握了大量的销售数据，因此可以提高需求预测的准确性。同时，由于供应商得到由下游经销商提供的销售数据，因此可以对库存数量进行相应的调整，减少不必要的库存管理成本。

④在 VMI 的管理方法中，供应商可以直接同下游经销商进行接触和沟通，因此能更快地对用户需求做出反应，提高服务质量，降低了用户的库存管理成本。

⑤VMI 可以大大缩短供需双方的交易时间，从而提高上游企业对生产经营活动的管理效率，并能更好地满足用户需求，最终促进整条供应链柔性指数的提高。

（2）VMI 的局限性

虽然供应商管理库存方法具有很多优势，但是不可避免的也存在一定的局限性，主要体现在以下几个方面。

①在 VMI 模式中，供应商和零售商的合作水平始终有限。

②VMI 要求合作双方有相当程度的互相信任，而在现实生活中却很难实现。

③在 VMI 中，供应商处于框架协议的主导地位，因此对于零售商来说，其实并没有实现真正的完全公平。

④虽然实施 VMI 可以降低库存管理的总成本，但是供应商主要承担着运输费用和库存费用等。这样来说，VMI 库存管理方法只是把风险转嫁给了供应商，是一种"责任倒置"的库存管理方法。

（3）VMI 的具体实施步骤

①建立用户情报信息系统

建立用户信息的数据库系统，对于供应商管理销售库存至关重要，通过这一系统，能够使供应商准确把握商品的销售情况以及顾客对企业产品的态度和反应，从而更准确地进行需求预测和库存管理，并且科学整合了由分销商进行的需求预测，提高了双方的合作效率和合作深度。

②建立销售网络管理系统

商品经过仓库不断流入、流出，如何保证仓库的物流能保持在一个相对平衡与稳定的状态需要供应商对库存进行合理的规划与管理，而企业对仓库物流进行调节和管理的前提就是完善销售网络与供货渠道。另外，为了保证仓库货物流转的效率应该逐步实现仓库作业的自动化，为了完成这一目标企业必须解决自己产品条码的可读性和唯一性，产品分类、编码的标准化和商品存储运输过程中的识别等三个方面的问题。

MRP Ⅱ 和 ERP 企业资源计划系统是目前最流行的两种企业资源规划与开发系统，整个软件系统不仅仅能够对企业的资源计划进行分析与规划，还能通过数据信息的分析与研究将企业销售、物流集中到一起,都集成了销售管理的功能。通过这些系统企业可以进行职能的拓展它们的业务。

③建立供应商与用户的合作框架协议

建立供应商与用户的合作框架协议就是要求用户和供应商应该就订单处理模式、库存控制参数等问题通过协商来决策。

④变革组织结构

企业组织机构的变革也是 VMI 能够施行的一个重要因素,这是因为 VMI 管理的思路与方法与传统的仓库管理有着很大的差别,一些原有的组织机构在 VMI 管理中已经失去了存在的意义,对于这些机构我们应该对其实施果断的撤销。当然在 VMI 管理中有些功能的实现需要设置新的企业部门,这时我们应该根据企业的实际状况合理的对建立或者对某些原有部门进行改造使其能够承担 VMI 管理的工作责任和内容。比如,在传统管理模式中会计经理的工作职责是负责与用户有关的相关事宜,但引入 VMI 策略后,该职能则被一个订货部门新成立的职能单位所取代。

4. 联合库存管理方法(JMI)

联合库存管理(Jointly Managed Inventory,JMI),是指由供应链上的每一个合作者共同参与库存计划的制定。供应商管理库存方法是联合库存管理方法的基础。JMI 的目的是督促供应链上各方在制定库存计划时将相互之间的协调性纳入考虑,避免因为需求变异放大而产生的冲突和矛盾,实现供应链上每相邻两个节点之间的需求的一致性。

联合库存管理方法的基本模型如图 3-3 所示。

(1)JMI 的优势

联合库存管理方法的优势体现在四个方面。

①信息优势

通过建立 JMI 模式企业之间的库存信息得以共享和交流,形成了一种战略性的合作伙伴关系,这不仅能保证市场需求信息在上游企业与下游企业之间的流通,还可以使供应链上各企业的经营活动围绕用户需求进行,不会产生不必要的经营成本。

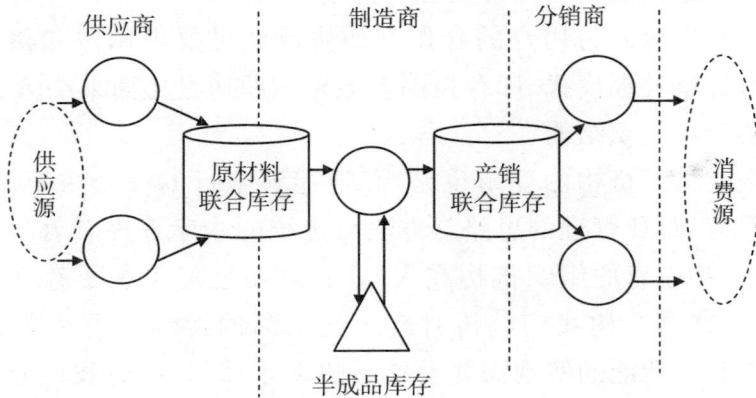

图 3-3 JMI 的基本模型

②成本优势

由于 JMI 模式实现了从分销商到供应商各个环节在库存管理方面的统一性,因此,供应链上的各方都可以实现准时采购。实现准时采购帮助各企业减少了库存量,并提高了库存周转效率,缩短了订货提前期和交货提前期,降低了企业的采购成本。

③物流优势

物流优势是指,由于 JMI 模式要求供应链上的各方共同参与库存管理的制定和决策,因此避免了因多重预测而出现的需求预测混乱的情况。这样的优势保证了供应链的一体化管理,促进了供应链的运作效率的同时也减少了因预测误差带来的风险,能够有效消除牛鞭效应和库存过高的现象。

④战略联盟优势

JMI 模式的战略联盟优势是指由于 JMI 的实施以各方之间的互相信任为前提和基础,因此制造商、分销商以及供应商其实是站在一个阵营里的,因此,各企业之间通过 JMI 的运作加强了交流和合作。JMI 模式的实施还能保证这种由库存管理而带来的企业间合作模式不会轻易地被竞争者模仿,提高了企业的竞争力。

（2）JMI的具体实施步骤

①建立供需协调管理机制

建立供需协调管理机制就是协调供应链上各部分的利益关系，明确企业各自的责任范围，相互沟通协作。建立供需协调管理机制可从以下四个角度努力。

建立共同合作目标。明确供需双方的各自目标，分析共同点和差异，通过协商，促进供需双方在合作目标上达成一致。共同合作目标主要包括用户满意度、利润增长、风险降低等内容。

制定联合库存协调控制办法。通过成立联合库存管理中心，协调商议出优化库存的办法。制定联合库存协调控制办法主要包括协调多个需求商、确定库存上限和下限、确定安全库存、进行需求预测等等。

建立信息沟通渠道。在企业之间建立信息沟通渠道，就可以大大避免因多次预测而导致信息混乱的情况，提高供应链系统信息的及时性和准确性，从而大大提高整个供应链的工作效率。建立信息沟通渠道，要将条码技术、扫描技术、POS系统和EDI集成起来，利用互联网的优势，保持整个供应链信息需求的一致性，为供需双方提供畅通的信息沟通平台。

形成利益分配和激励机制。建立利益分配制度对利益进行合理的分配，有助于联合库存管理系统的顺畅运行；建立激励机制对参与到库存管理体系中的各个企业进行一定的激励，则能有效促进供应链上各方之间的协作和平衡。

②建立快速响应系统

通过建立快速响应系统，大大缩短了供应链整个过程的时间，减少了从原材料到用户之间的库存量，提高了供应链的运作效率。

③发挥第三方物流系统的作用

第三方物流系统是集成供应链的一种方式，又可以称为物流服务提供者,主要作用是给用户提供包括产品运输、订单选择等在内的多种服务。

JMI 的系统构造如图 3-4 所示。

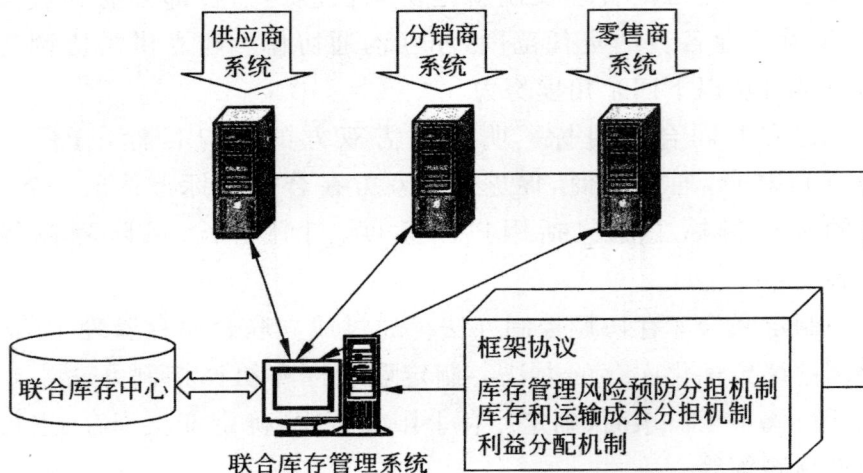

图 3-4　JMI 的系统构造

三、仓储绩效评价

(一)仓储绩效评价的意义

无论在企业管理中还是在社会物资的流通过程中,仓库都是及其重要的一个功能单位,并且担负着货主企业生产所需的各种货品的收发、储存、保管保养、控制、监督和保证及时供应货主企业生产和销售经营需要等多种职能。仓库管理活动是针对仓库的这些功能进行的优化和调度,其对于货主企业是否能够按计划完成生产经营目标、控制仓储成本以及货物流通总成本具有极为重要的意义。

仓储绩效评价是对仓库管理效率的最直观描述,它可以作为衡量仓库管理水平高低的尺度,通过仓储绩效评价,企业物流管理人员可以发现自己管理中的不足,对提高企业的仓库管理水平、降低货物仓储成本具有重要的作用。

1. 加强管理、降低仓储成本

仓库可以利用生产绩效考核指标对内考核仓库各个环节的计划执行情况,纠正运作过程中出现的偏差。具体表现有以下几个方面。

(1)有利于企业物流管理人员发现自身仓库管理中的不足,提高企业的仓储管理水平。

(2)明确企业仓库管理的具体标准和岗位职责,有利于落实岗位责任制,提高仓库管理的规范性。

(3)为了达成企业仓储绩效评价的评价指标,企业会引进新的管理技术和管理设备,有利于企业仓储管理的现代化。

(4)提高仓储管理的效率,降低仓储成本,提高企业的经济效益。

2. 进行市场开发,接受客户评价

仓库还可以充分利用生产绩效考核指标对外进行市场开发和客户关系维护,给货主企业提供相对应的质量评价指标和参考数据。具体有以下两个方面的原因。

(1)科学规范的仓库管理体系可以提高企业的供货速度和资源利用效率,赢得客户的好感。

(2)有利于稳定客户关系。

(二)仓储绩效考核指标的制定原则

为了保证仓储绩效评价真正发挥作用,指标体系的科学制定和严格实施、管理非常重要。仓储绩效考核指标制定应遵循的原则如下。

(1)科学性。仓储绩效考核指标的科学性原则要求所设计的指标体系能够客观地、如实地反映仓储生产的所有环节和活动要素。

(2)可行性。仓储绩效考核指标的可行性原则要求企业设计的评价指标必须基于企业的实际情况之上以保证该绩效评价指标公布之后能够切实的得到各阶层工作人员的执行。

(3)协调性。仓储绩效考核指标的协调性原则是指用来进行绩效考核和评价的各项要求应该相互联系,有内在的逻辑性,而不是相互矛盾和重复的。

(4)可比性。仓储绩效考核指标的可比性是指企业在执行绩效评价指标的过程中,要保证前后执行尺度和内容的一致性,从而使绩效评价获得的数据信息具有整体上的可比性。

(5)稳定性。仓储绩效考核指标的稳定性原则是指企业的仓储绩效评价指标在确定后,要保持其在一定时期内的稳定,不宜频繁更改。如果在执行过程中发现其不足之处,应该逐渐改进和完善。

(三)仓储绩效评价指标体系

仓储绩效评价指标体系是反映仓库生产成果及仓库经营状况的各项指标的总和。指标的种类由于仓库在供应链中所处的位置或仓库的经营性质不同而有繁有简。

1. 进出货作业效率评价指标

(1)站台利用率。考核站台的使用情况是否因数量不足或规划不佳造成拥挤或低效。

$$站台利用率 = \frac{进出货车装卸货停留总时间}{站台泊位数 \times 工作天数 \times 每天工作时数} \times 100\%$$

(2)站台高峰率。

$$站台高峰率 = \frac{高峰车数}{站台泊位数} \times 100\%$$

(3)人员负担和时间耗用。考核进出货人员工作分配及作业速度,以及目前的进出货时间是否合理。

$$\frac{\text{每人每小时}}{\text{处理进货量}}=\frac{\text{进货量}}{\text{进货人员数}\times\text{每日进货时间}\times\text{工作天数}}$$

$$\frac{\text{每人每小时}}{\text{处理出货量}}=\frac{\text{出货量}}{\text{进货人员数}\times\text{每日出货时间}\times\text{工作天数}}$$

$$\text{进货时间率}=\frac{\text{每日进货量}}{\text{每日工作时数}}\times100\%$$

$$\text{出货时间率}=\frac{\text{每日出货量}}{\text{每日工作时数}}\times100\%$$

2. 储存作业评价指标

(1)设施空间利用率。设施空间利用率的计算公式如下。

$$\text{单位面积保管量}=\frac{\text{平均库存量}}{\text{可储存面积}}$$

$$\text{平均每品项所占货位数}=\frac{\text{货架货位数}}{\text{总品项数}}$$

(2)库存周转率。库存周转率的计算公式如下。

$$\text{库存周转率}=\frac{\text{出货量}}{\text{平均库存量}}\times100\%$$

或

$$\text{库存周转率}=\frac{\text{销售额}}{\text{平均库存金额}}\times100\%$$

3. 订单处理作业评价指标

(1)订单延迟率。用于衡量交货的延迟状况。

$$\text{订单延迟率}=\frac{\text{延迟交货订单数}}{\text{订单总量}}\times100\%$$

(2)订单货件延迟率。考察仓库是否应该实施客户重点管理,使自己有限的人力、物力做到最有效的利用。

$$\text{订单货件延迟率}=\frac{\text{延迟交货量}}{\text{出货量}}\times100\%$$

（3）差错率。用于衡量备货作业质量。

$$差错率 = \frac{备货差错笔数}{订单总笔数} \times 100\%$$

4. 服务质量评价指标

（1）服务水平。服务水平计算公式如下。

$$服务水平 = \frac{满足要求次数}{用户要求次数} \times 100\%$$

（2）交货水平。交货水平计算公式如下。

$$交货水平 = \frac{按交货期交货次数}{总交货次数} \times 100\%$$

（3）商品完好/缺损率。商品完好/缺损率计算公式如下。

$$商品完好率 = \frac{交货时商品完好量}{物流商品总量} \times 100\%$$

$$商品缺损率 = \frac{缺损商品量}{物流商品总量} \times 100\%$$

（4）交货期质量。交货期质量计算公式如下。

$$交货期质量 = \frac{规定交货期}{实际交货期}$$

5. 仓储经营管理综合指标

（1）仓库坪效。用于衡量仓库单位面积（每平方米）的营业收入（产值）。

$$仓库坪效 = \frac{仓库产值}{仓库总建筑面积}$$

（2）仓库生产率。仓库生产率是仓库实际产出与实际投入的比率，以此可以测定仓库生产过程满足需求的效率。

$$仓库生产率 = \frac{某时期装运的订单数}{每时期装运的平均订单数} \times 100\%$$

或

$$仓库生产率 = \frac{同时期装运的订单数}{某时期接受的订单数} \times 100\%$$

（3）固定资产周转率。衡量仓库固定资产的运作绩效，评估所投资的资产是否充分发挥效用。

$$固定资产周转率＝\frac{仓库产值}{全库固定资产总值}×100\%$$

（4）产出与投入平衡率。判断是否维持低库存量，与零库存的差距多大。

$$投入与产出平衡率＝\frac{进货量}{出货量}×100\%$$

第五节　电子商务物流产品的包装与流通加工管理

包装是流通过程中保护商品，方便储运，促进销售，按一定技术方法采用的容器、材料及辅助物等的总体名称。也指为了达到上述目的而在采用容器、材料和辅助物的过程中施加一定技术方法的操作活动。

由于任何商品在物流开始前都要进行包装，因此，包装是物流必不可少的一个环节，在物流中占据着重要的地位，起着重要的作用。

在社会再生产过程中，包装既是生产的终点，又是物流的起点。作为生产的终点，包装必须根据产品的性质、形状和生产工艺的要求来进行。作为物流的起点，包装完成之后被包装的产品有了物流的能力，在整个物流的过程中，包装便可以发挥对产品保护的作用和方便物流的作用，最后实现销售。现代物流认为，包装与物流的关系比与生产的关系要密切得多，其作为物流起点的意义比作为生产终点的意义要大得多。因此，包装进入物流系统之中，这是现代物流的一个新观念。

一、包装的分类与主要功能

(一)包装的分类

1. 根据包装功能的不同进行分类

(1)商业包装：商业包装是以促进商品销售为目的的包装。这种包装的特点是：外形美观，有必要的装潢，包装单位应适合顾客购买量和商店设施的要求。在流动过程中，商品越接近顾客，越要求包装有促进销售的效果。

(2)工业包装：又称"运输包装"，是物资运输、保管等物流环节所需求的必要包装。工业包装以强化运输、保护商品、便于储运为主要目的。工业包装要在满足物流要求的基础上使包装费用越低越好。对于普通物资的工业包装其程度应当适中，才会有最佳的经济效果。

2. 根据包装层次不同进行分类

(1)单个包装是指一个商品作为一个销售单位的包装形式。单个包装直接与商品接触，在生产中与商品装配成一个整体。它以销售为主要目的，一般随同商品销售给顾客，因而又称为销售包装或小包装。单个包装起着直接保护、美化、宣传和促进商品销售的作用。

(2)中包装（又称内包装）是指若干个单体商品或包装组成一个小的整体包装，它是介于单个包装与外包装的中间包装，属于商品的内层包装。中包装在销售过程中，一部分随同商品出售，一部分则在销售中被消耗掉，因而被列为销售包装。在商品流通过程中，中包装起着进一步保护商品、方便使用和销售的作用，方便商品分拨和销售过程中的点数和计量，方便包装组合等。

（3）外包装（又称运输包装或大包装）是指商品的最外层包装。在商品流通过程中，外包装起着保护商品、方便运输、装卸和储存等方面的作用。

3. 根据包装容器质地不同进行分类

（1）硬包装（又称刚性包装）是指充填或取出包装的内装物后，容器形状基本不发生变化，材质坚硬或质地坚牢的包装。

（2）半硬包装（又称半刚性包装）是介于硬包装和软包装之间的包装。

（3）软包装（又称柔性包装）是指包装内的充填物或内装物取出后，容器形状会发生变化，且材质较软的包装。

4. 根据包装使用范围进行分类

（1）专用包装是指专供某种或某类商品使用的一种或一系列的包装。

（2）通用包装是指一种包装能盛装多种商品，被广泛使用的包装容器。

5. 根据包装使用的次数进行分类

（1）一次用包装是指只能使用一次，不再回收复用的包装。

（2）多次用包装是指回收后经适当地加工整理，仍可重复使用的包装。

（3）周转用包装是指工厂和商店用于固定周转多次复用的包装容器。

6. 包装的其他分类

（1）按运输方式不同，包装可以分为铁路运输包装、卡车货物包装、船舶货物包装、航空货物包装及零担包装和集合包装等。

（2）按包装防护目的不同，包装可分为防潮包装、防锈包装、防霉包装、防震包装、防水包装、遮光包装、防热包装、真空包装、危险品包装等。

（3）按包装操作方法，包装可分为罐装包装、捆扎包装、裹包包装、收缩包装、压缩包装和缠绕包装等。

（二）包装的主要功能

由于包装具有三大特征，即保护性、单位集中性和便利性，所以一个产品进行了包装，必须有以下功能：降低保管成本，方便产品的运输和保管；降低运输的费用；简化仓库管理工作；打破商品的季节性；促进商品的销售；保护商品的使用价值和合法权益。包装的主要功能有以下方面。

（1）保护功能。产品包装最基本的功能便是保护商品，便于储运。有效的产品包装可以起到防潮、防热、防冷、防挥发、防污染、保鲜、防易碎、防变形等系列保护产品的作用。

（2）定量功能。整理成为适合搬动、运输的单元；整理成适合使用托盘、集装箱、货架或载重汽车、货运列车等运载的单元。

（3）便利功能。形状便于运输、搬动或保管；便于实施运输、搬动或保管等物流作业，便于生产；便于废弃物的处理。

（4）效率功能。包装化的创新既能够给消费者带来巨大的好处，也能给生产者带来利润。包装影响每一个物流活动的成本，有利于提高生产、搬运、销售、配送、保管等效率。精心设计包装，便于采用科学合理且成本低廉的方式实现物品的各项物流作业，有利于采用科学的物流作业设备、物流作业方式，有利于选择合理的物流链管理方法，有利于降低物流作业损耗，节约储存与运输费用。

（5）促销功能。包装能吸引注意力，说明产品的特色，给消费者以信心，形成一个有利的总体印象。日益增长的消费者富裕使消费者愿意为良好包装带来的方便、外观、可靠性和声望多付些钱。企业已意识到企业和品牌形象对设计良好包装的巨大作用，它有助于消费者迅速辨认出哪家企业或哪一品牌。

二、包装的材料与标记

(一)包装的材料

包装所使用的材料主要有:纸及纸制品,包括牛皮纸、玻璃纸、植物羊皮纸、沥青纸、板纸、瓦楞纸板;塑料及塑料制品,聚乙烯、聚丙烯、聚苯乙烯、聚氯乙烯、钙塑材料;木材及木制品;金属,包括镀锡薄板、涂料铁、铝合金;玻璃、陶瓷;复合材料等。以这些材料制成的各种包装形式有以下几种。

1. 包装袋

包装袋是柔性包装中的重要技术,包装袋材料是挠性材料,具有较高的韧性、抗拉强度和耐磨性。包装袋一般分成下述三种类型。

集装袋。这是一种大容积的运输包装袋,盛装重量在1吨以上。集装袋的顶部一般装有金属吊架或吊环等,便于铲车或起重机的吊装、搬运。卸货时可打开袋底的卸货孔,即行卸货,非常方便,其适于装运颗粒状、粉状的货物。集装袋一般多用聚丙烯、聚乙烯等聚酯纤维纺织而成。由于集装袋装卸货物、搬运都很方便,装卸效率明显提高,近年来发展很快。

一般运输包装袋。这类包装袋的盛装重量是0.5～100公斤,大部分是由植物纤维或合成树脂纤维纺织而成的织物袋,或者由几层挠性材料构成的多层材料包装袋。例如,麻袋、草袋、水泥袋等,主要包装粉状、粒状和个体小的货物。

小型包装袋(或称普通包装袋)。这类包装袋盛装重量较少,通常用单层材料或双层材料制成,对某些具有特殊要求的包装袋也有用多层不同材料复合而成。包装范围较广,液状、粉状、块状和异形物等均可采用这种包装。

上述几种包装袋中,集装袋适于运输包装,一般运输包装袋适于外包装及运输包装,小型包装袋适于内包装、单个包装及商业包装。

2. 包装盒

包装盒是介于刚性和柔性包装两者之间的包装技术。包装材料有一定挠性,不易变形,有较高的抗压强度,刚性高于袋装材料。包装结构是规则几何形状的立方体,也可裁制成其他形状,如圆盒状、尖角状,一般容量较小。包装操作一般采用码入或装填,然后将装置闭合。包装盒整体强度不大,包装量也不大,不适合做运输包装,适合做商业包装、内包装,适合包装块状及各种异形物品。

3. 包装箱

包装箱是刚性包装技术中的重要一类。包装材料为刚性或半刚性材料,有较高强度且不易变形。包装结构和包装盒相同,只是容积、外形都大于包装盒,两者通常以 10 升为分界。包装操作主要为码放,然后闭合或将一端固定封死。包装箱整体强度较高,抗变形能力强,包装量也较大,适合做运输包装、外包装,其包装范围较广,主要用于固体杂货包装。包装箱主要有以下几种。

瓦楞纸箱。瓦楞纸箱是用瓦楞纸板制成的箱形容器。瓦楞纸箱的外型结构分类有折叠式瓦楞纸箱、固定式瓦楞纸箱和异形瓦楞纸箱三种。

木箱。木箱是流通领域中常用的一种包装容器,其用量仅次于瓦楞纸箱。木箱主要有木板箱、框板箱、框架箱三种。木板箱一般用作小型运输包装容器,能装载多种性质不同的物品。木板箱作为运输包装容器具有很多优点,例如,有抗拒碰裂、溃散、戳穿的性能,有较大的耐压强度,能承受较大负荷,制作方便等。但木板箱的箱体较重,体积也较大,其本身没有防水性。框板箱是先由条木与人造板材制成箱框板,再经钉合装配而成。框架箱是由一定截面的条木构成箱体的骨架,根据需要也可在骨架外面加木板覆盖,其有两种形式,无木板覆盖的称为敞开式框架箱,有木板覆盖的称为覆盖式框架箱。框架箱有坚固的骨架结构,具有较好的抗震和抗扭力,有较大的耐压能力,装载量大。

塑料箱。一般用作小型运输包装容器,其优点是,自重轻,耐蚀性好,可装载多种商品,整体性强,强度和耐用性能满足反复使用的要求。

集装箱。属大型包装箱,属于运输包装类别之中,也是大型周转型包装。

4. 包装瓶

包装瓶是瓶颈尺寸有较大差别的小型容器,是刚性包装中的一种,包装材料有较高的抗变形能力,刚性、韧性要求一般也较高,个别包装瓶介于刚性与柔性材料之间,瓶的形状在受外力时虽可发生一定程度变形,但外力一旦撤除,仍可恢复原来瓶形。包装瓶包装量一般不大,适合美化装潢,主要做商业包装、内包装使用,主要包装液体、粉状货。

5. 包装罐(筒)

包装罐是罐身各处横截面形状大致相同,罐颈短,罐颈内径比罐身内颈稍小或无罐颈的一种包装容器,是刚性包装的一种。包装材料强度较高,罐体抗变形能力强。包装操作是装填操作,然后将罐口封闭,可做运输包装、外包装,也可做商业包装、内包装用。包装罐(筒)主要有三种。

小型包装罐。这是典型的罐体,可用金属材料或非金属材料制造,容量不大,一般是做销售包装、内包装。

中型包装罐。外型也是典型罐体,容量较大,一般做化工原材料、土特产的外包装,起运输包装作用。

集装罐。这是一种大型罐体,外形有圆柱形、圆球形、椭球形等,分卧式、立式等。集装罐往往是罐体大而罐颈小,采取灌填式作业,灌填作业和排出作业往往不在同一罐口进行,另设卸货出口。集装罐是典型的运输包装,适合包装液状、粉状及颗粒状货物。

(二)包装的主要标记与标志

物资包装标记是根据物资本身的特征用文字和阿拉伯数字等再包装上标明规定的记号。

1. 一般包装标记

一般包装标记也称为包装的基本标记,它是指在包装上写明物资的名称、规格、型号、计量单位、数量(毛重、净重、皮重),长、宽、高尺寸,出厂时间等说明。对于使用时效性强的物资还要写明储存期或保质期限。有时用来说明质量等级,常用"一等品""二等品""优质产品""获×××奖产品"等。

2. 运输标记(Shipping Mark)

运输标记习惯上被称为唛头,这是贸易合同、发货单据中有关标志事项的基本部分。它一般由一个简单的几何图形以及字母、数字等组成。唛头的内容包括:目的地名称或代号,收货人或发货人的代用简字或代号、件号(即每件标明该批货物的总件数),体积(长×宽×高),重量(毛重、净重、皮重)以及生产国家或地区等。

国内常见的运输标记一般由三部分构成。

(1)目的港或目的地的名称。

(2)收货人或发货人的代号。多用简单的几何图形,如三角形、圆形等。图形内外刷以字母表示发货人和收货人名称的代号。

(3)件号、批号。指货主对每件包装货的编排顺序号,它由顺序号和总号组成,通常写成 1～200 或 1/200,前面的 1 表示该批货物的第一件,后面的 200 代表总件数。

国际标准化组织要求规范运输标记,将唛头简化为收货人或买方名称的英文缩写字母或简称;参考号,如发票号、运单号;目的地;件号四项。

国际标准化组织要求以上标记列为四行,每行不超过 17 个印刷符号。

3. 标牌标记

标牌标记是在物资包装上钉打说明商品性质特征、规格、质量、产品批号、生产厂家等内容的标识牌。标牌一般用金属制成。

4. 包装标志

包装标志是用来指明被包装物质的性质和物流活动安全以及理货分运的需要进行的文字和图像的说明。

(1)指示性标志

指示性标志用来指示运输、装卸、保管人员在作业时需要注意的事项,以保证物资的安全。这种标志主要表示物资的性质,物资堆放、开启、吊运等的方法。

根据国家质量技术监督局颁布的《包装储运图示标志》(GB 191—2000)(该标准等效采用国际标准 ISO 780—1997《包装——搬运图示标志》)规定,在有特殊要求的货物外包装上粘贴、涂打、钉附以下不同名称的标志,如向上、防潮、小心轻放、由此吊起、由此开启、重心点、防热、防冻等,如图 3-5 所示。

(2)危险品标志

危险品标志是用来表示危险品的物理、化学性质,以及危险程度的标志,它可提醒人们在运输、储存、保管、搬运等活动中引起注意。

根据国家标准 GB 190—73 规定,在水陆、空运危险货物的外包装上拴挂、印刷或标打以下不同的标志,如爆炸品、遇水燃烧品、有毒品、剧毒品、腐蚀性物品、放射性物品等。在我国,警告性标志主要依据国家颁布的《危险货物包装标志》国家标准来印刷。常见的危险品标志如图 3-6 所示。

小心轻放	堆码重量极限	重心点	禁止滚翻
怕湿	堆码层数极限	由此吊起	怕热
向上	温度极限	禁用手钩	远离放射及热源

图 3-5 常见的包装储运指示性标志

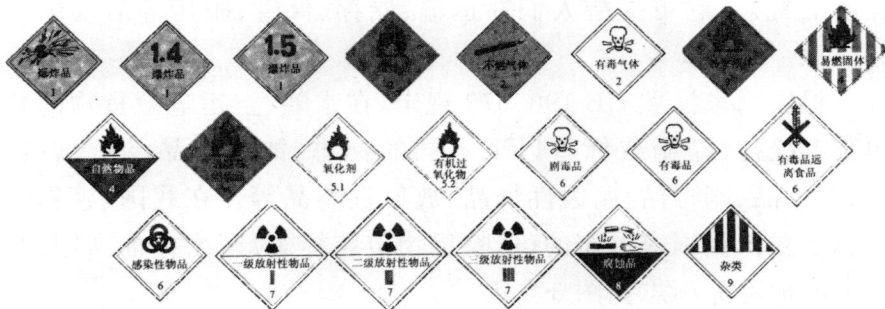

图 3-6 常见的危险品标志

（3）包装标志的要求

必须按照国家有关部门的规定办理。我国对物资包装标志所使用的文字、符号、图形以及使用方法，都有统一的规定。

必须简明清晰、易于辨认。包装标志要文字少、图案清楚、易于制作、一目了然、方便查对。标志的文字、字母及数字号码的大小应和包装件的标志的尺寸相称，笔画粗细要适当。

涂刷、拴挂、粘贴标志的部位要适当。所有的标志，都应位于搬运、装卸作业时容易看得见的地方。为防止在物流过程中某些标志和标记被抹掉或不清楚而难以辨认，应尽可能在同一包装物的不同部位制作两个相同的标志。

要选用明显的颜色作标记和标志。制作标志的颜料应具备耐温、耐晒、耐摩擦等性能，以致不发生褪色、脱落等现象。

标志的尺寸一般分为三种。用于拴挂的标志为 74×52.5（ram）、用于印刷和标打的标志为 105×74（毫米）和 148×105（毫米）三种。须说明特大和特效的包装不受此尺寸限制。

三、包装的主要技术

（一）防震保护技术

防震包装又称缓冲包装，是指为减缓内装物受到冲击和振动，保护其免受损坏所采取的一定防护措施的包装。防震包装主要有三种技术：全面防震包装方法，是指内装物和外包装之间全部用防震材料填满进行防震的包装方法；部分防震包装方法，对于整体性好的产品和有内装容器的产品，仅在产品或内包装的拐角或局部地方使用防震材料进行衬垫即可，所用包装材料主要有泡沫塑料防震垫、充气型塑料薄膜防震垫和橡胶弹簧等；悬浮式防震包装方法，对于某些贵重易损的物品，为了有效地保证在流通过程中不被损坏，外包装容器比较坚固，然后用绳、带、弹簧等将被装物悬吊在包装容器内，在物流中，无论是什么操作环节，内装物都被稳定悬吊而不与包装容器发生碰撞,从而减少损坏。

(二)防破损保护技术

缓冲包装有较强的防破损能力,因而是防破损包装技术中有效的一类。此外还可以采取以下几种防破损保护技术。

(1)捆扎及裹紧技术。捆扎及裹紧技术的作用,是使杂货、散货形成一个牢固整体增加整体性,便于处理及防止散堆来减少破损。

(2)集装技术。利用集装,减少与货体的接触,从而防止破损。

(3)选择高强保护材料。通过外包装材料的高强度来防止内装物受外力作用破损。

(三)危险品包装技术

危险品有多种,按其危险性质,交通运输及公安消防部门规定分为十大类,即爆炸性物品、氧化剂、压缩气体和液化气体、自燃物品、遇水燃烧物品、易燃液体、易燃固体、毒害品、腐蚀性物品、放射性物品等,有些物品同时具有两种以上的危险性能。对于有毒商品的包装要明显地标明有毒标志。对有腐蚀性的商品,要注意商品和包装容器的材质不会发生化学变化。金属类的包装容器,要在容器壁涂上涂料,防止腐蚀性商品对容器的腐蚀。对易自燃商品的包装,宜采取特殊包装方式。

(四)防霉腐包装技术

在装运食品和其他有机碳水化合物物品时,物品表面可能生长霉菌,在流通过程中如遇潮湿,霉菌生长繁殖极快,甚至延伸至物品内部,使其发霉、腐烂、变质,因此要采取特别防护措施。防霉烂变质的措施,通常是采用冷冻包装、真空包装或高温灭菌方法。冷冻包装的原理是减慢细菌活动和化学变化的过程,以延长储存期,但不能完全消除食品的变质。高温杀菌法可消灭引起食品腐烂的微生物,因而在包装过程中可使用高温处理防霉。真空包装法可阻挡外界的水汽进入包装容器内,也可防止在密闭着的防潮包装内部存有潮湿空气,在气温下降时结露。应该注意的是,采用真空包装法,要避免过高的真空度,以防损伤包装材料。为防止运输包装内货物发霉,还可使用防霉剂。防霉剂的种类甚多,用于食品时必须选用无毒防霉剂。装有机电产品的大型封闭箱,可酌情开设通风孔或通风窗等。

(五)防锈包装技术

(1)防锈油包装技术。用防锈油封装金属制品,要求油层有一定厚度,油层的连续性好,涂层完整。不同类型的防锈油要采用不同的方法进行涂覆。

(2)气相防锈包装技术。气相防锈包装技术就是用气相缓蚀剂(挥发性缓蚀剂),在密封包装容器中对金属制品进行防锈处理的技术。气相缓蚀剂是一种能减慢或完全停止金属在侵蚀性介质中的破坏过程的物质,在常温下即具有挥发性,在密封包装容器中,在很短的时间内挥发或升华出的缓蚀气体就能充满整个包装容器内的每个角落和缝隙,同时吸附在金属制品的表面上,从而起到抑制大气对金属锈蚀的作用。

(六)防虫包装技术

防虫包装技术是指包装时,可在包装中放入有一定毒性和气味的驱虫药物,利用药物在包装中挥发出的气体杀灭或驱除各种害虫。常用驱虫剂有苯、二氯化苯、樟脑精等。也可采用真空包装、充气包装、脱氧包装等技术,使害虫无生存环境,从而防止虫害。

(七)特种包装技术

(1)充气包装。即采用二氧化碳或氮气等不活泼气体置换包装容器中空气的一种包装技术,也称为气体置换包装。

(2)真空包装。即将物品装入气密性容器后,在容器封口之前抽成真空,使密封后的容器内基本没有空气的一种包装方法。

(3)收缩包装。即用收缩薄膜裹包物品(或内包装件),然后对薄膜进行适当加热处理,使薄膜收缩而紧贴于物品(或内包装件)的包装技术。

(4)拉伸包装。即由收缩包装发展而来的,依靠机械装置在常温下将弹性薄膜围绕被包装件拉伸、紧裹,并在其末端进行封合的一种包装方法。

(5)脱氧包装。即继真空包装和充气包装之后出现的一种新型除氧包装方法,在密封的包装容器中,使用能与氧气起化学作用的脱氧剂与之反应,从而除去包装容器中的氧气,以达到保护内装物的目的。

四、包装的合理化与标准化

(一)包装的主要影响因素

在设计商品包装的时候,必须详细了解被包装物本身的一些性质以及商品流通运输过程中的一些详细情况,并针对这些情况,做出有针对性的设计。一般来说,影响商品包装的主要因素如下。

(1)被包装商品本身的体积、重量以及它在物理和化学方面的特性。商品的形态可能各异,其本身的性质也各不相同。所以,在设计商品包装的时候,必须根据商品本身的特点和国际通用的标准,设计出适合商品自身特有的包装。

(2)商品包装的保护性。被包装的商品是否害怕力的冲击、震动,是否害怕虫害或者动物的危害,是否对于气象环境、物理环境以及生物环境有特殊的要求。针对这些特点,在设计商品包装的时候,要做到有的放矢。

(3)消费者的易用性。商品包装设计的主要目的是为了使消费者能够更好地使用商品。因此,只有设计易于使用的包装,才能从更深层次上吸引消费者,占领更广阔的市场。

(4)商品包装的经济性。商品包装虽然从安全性方面来说是做得越完美越好,但是,从商品整体的角度来说,也不得不考虑其经济性,争取能够做到够用就好,以降低产品的成本。一般来说,商品的工业包装在设计的时候,应该更加注重它的商品保护的性质,不必太在意外在的美观。商品的商业包装的设计,必须注意外观的魅力,以吸引顾客。所以,应该找到一个好的平衡点,使商品包装既能够达到要求,又能够节省成本。

(二)包装的合理化

虽然包装本身在物流总成本中所占比例并不高,但包装的好坏不仅影响到物流成本,而且会影响产品在物流过程中的质量,因此是物流中非常重要的一个环节。包装的合理化就是要实现既降低包装成本,又能较好地保护商品的目的。

1. 包装合理化的主要表现

包装合理化主要表现在以下几个方面。

包装的轻薄化。由于包装只是起保护作用,对产品使用价值没有任何意义,因此在强度、寿命、成本相同的条件下,更轻、更薄、更短、更小的包装,可以提高装卸搬运的效率。而且轻薄短小的包装一般价格比较便宜,如果是一次性包装也可以减少废弃包装材料的数量。

包装的单纯化。为了提高包装作业的效率,包装材料及规格应力求单纯化,包装规格还应标准化,包装形状和种类也应单纯化。

符合集装单元化和标准化的要求。包装的规格和托盘、集装箱关系密切,也应考虑到和运输车辆、搬运机械的匹配,从系统的观点制定包装的尺寸标准。

包装的机械化。为了提高作业效率和包装现代化水平,各种包装机械的开发和应用是很重要的。

2. 包装合理化的设计要求

合理包装是一个系统工程,因此设计合理包装不仅要考虑包装设计本身,更要着眼于商品流通的全局,兼顾物流系统的相互关系,按照合理包装的几个方面进行设计。

掌握流通实况,发挥最经济的保护功能。包装的保护功能应使商品能承受流通过程中各种环境的考验。因此,包装设计前应通过有关测试和调查或查问有关流通环境资料等手段来掌握环境实况,对不同的环境条件采取不同的包装设计。如为避免外力作用下内装物破损,可设计缓冲包装;为避免温湿度的影响,可设计防潮、防水包装。

实行包装标准化。标准化是提高企业经济效率和效益而采取的一种必不可少的科学管理方法。采用标准化设计,能减少设计时间,稳定包装质量,降低包装和流通成本,取得明显的经济效益。

协调与生产的关系。包装是物流过程的第一步,同时也是产品生产的最后一道工序。因此,它同产品的生产过程紧密相关,二者应协调一致,做到包装与生产同步,防止产品积压,为此包装设计应和产品大批量的生产工艺一起考虑,其中包括包装材料的选择和加工方法的选定。

注意装卸及开启的方便性。货物流通过程中都必须装卸,因此包装必须便于装卸,以取得在物流中减少破损的直接经济效益。

(三)包装的标准化

商品包装标准就是针对商品包装的质量和有关包装质量的各个方面,由一定的权威机构所发布的统一的规定。这种包装标准一经正式颁布,就具有了权威性和法律性。一般来说,这些商品包装标准的制定都是根据当前包装科学的理论和实践,通过权衡商品流通的整个过程,经过有关部门的充分协商和讨论,对包装的材料、尺寸、规格、造型、容量以及标志等所做的技术性法规。商品包装的标准化就是制定、贯彻和修改商品包装标准的整个过程。

商品包装标准化对于现代企业具有重要的意义。通过商品包装的标准化，可以大大减少包装的规格型号，从而提高包装的生产效率，便于商品的识别和计量。通过商品包装的标准化，可以提高包装的质量，节省包装的材料，节省流通的费用，而且也便于专用运输设备的应用。通过商品包装的标准化，可以从法律的高度促进可回收型包装的使用，促进商品包装的回收利用，从而节省社会资源，产生较大的社会效益和经济效益。

第六节　电子商务物流的配送及其优化

物流配送是现代电子商务发展中的重要影响因素之一，并且直接制约着电子商务的进步。本节将结合物流配送的基本概念，详细研究物流配送系统的作业流程、组成部分、特点、目标以及规划，并对物流配送成本的优化和物流配送系统的绩效评估进行深入的讨论。

一、配送及其活动流程

配送是由送货演变而来的物流形态，但是又不仅仅是单纯的送货，其更强调满足客户的具体需求。配送是指按照客户的需求，在物流配送中心完成货物的整理工作，然后将货物交至客户手中的过程。本节将重点对物流配送的内涵以及作业流程进行阐述。

（一）配送的含义

货物配送是社会化大生产和商品经济高度发达条件下的一

种先进流通方式。配送的概念既不同于运输,也不同于旧式送货,其有着物流大系统所赋予的特点。

无论是学术界还是企业间,对于配送的概念都有不同的理解,表述方法也多种多样。例如,在轻工业比较发达的日本,配送更是比较发达的一个行业,因而被表述为:"将货物从物流节点送交收货人。"1991 年,理论界出了一本专门研究物流的成果之作——《物流手册》,在这本书中,物流和配送被分别加以论语,其中,如果是将货物从生产厂运到配送中心,那么此时就将这个活动称为"运输",如果从配送中心转移到顾客手中,此时的活动被称作"配送"。

我国国家标准《物流术语》(GB/T18354—2006)是一本专门针对物流配送的读物,其中,关于配送,做出了这样的判断,即遵循用户为上的原则,限定在一定的范围之内,切实考虑用户的需求,根据用户来做出物品定位,然后在这个范围内对物品进行拣选、加工、包装、分割、组配等作业。

(二)配送作业流程

配送业务的具体流程主要包括备货、储存、订单处理、分拣及配货、配装、输送、送达服务、配送加工、回程等多个步骤,下面进行具体的论述。

1. 备货

备货是配送活动的基础和前提。备货主要包括筹集货源,并对货物进行采购、验货、收货等过程。由于备货涉及的因素较多,因而会直接影响整个配送活动,如备货成本投入如何,对于配送效率的影响是显而易见的。

2. 储存

配送活动中的储存是指按照一定时期的经营要求,对配送资源的保证。在物流的配送环节,库存管理主要包括三方面的内容。

（1）进货入库作业管理

进货入库作业管理为整个商品的配送流程打下了基础。商品在入库之后，就统一归配送部门进行管理，因此在入库时，进货人员要对商品在质量、数量、规格等方面进行严格的检查和审核。此外，进货人员还要对企业的进货量、可用库存空间等情况进行详细的掌握，同时，及时同企业各部门人员进行沟通。进货过程又包括许多环节，这里可以用一个简易图来表示，如图3-7所示。

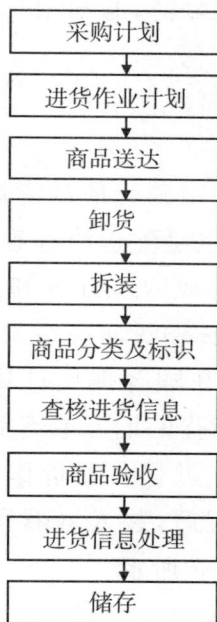

采购计划

进货作业计划

商品送达

卸货

拆装

商品分类及标识

查核进货信息

商品验收

进货信息处理

储存

图 3-7　进货作业步骤

（2）在库保管作业管理

库存商品的在库保管作业管理主要包括两个方面的内容。首先是加强对商品的养护工作，保证商品的质量，避免商品在储存期间发生价值损失的问题；其次是加强对储存空间的管理和优化，促进库存的合理化。

（3）库存控制

库存控制的重要内容是保证商品的质量和控制商品的数量。

3. 订单处理

订单处理简单而言就是关于处理订单的事情。具体是指一个企业从接受客户订单开始到将货物送至客户手中,在这整个过程中,企业有权也有义务对所有预订单相关的信息进行管理,而这个工作就是订单处理的工作。订单处理具体包括:对用户订单和配送需求的记录和理清;核实核对库存情况;下达关于分拣、组装、输送货物的指令;登记账簿;通知用户以及办理结算几大部分的内容。

4. 分拣及配货

配送流程一个重要的步骤就是对货物进行分拣,并对分拣好的货物进行配送,这一点也是配送流程独有的一个工序。这项工作直接影响着配送活动的成败。分拣和配货为配送活动提高运输效率提供了保障,是送货形式向高级发展的必然结果。现在对分拣工作做简单的探讨,在顾客提出订货要求后,此时需要尽可能快速准确地将商品从储存的地方或者其他区域挑拣出来,这样的作业流程就被叫作分拣过程。配货作业是指把拣取分类完成的货物经过配货检查过程后,装入容器和做好标示,再运到配货准备区。分拣步骤如图 3-8 所示。

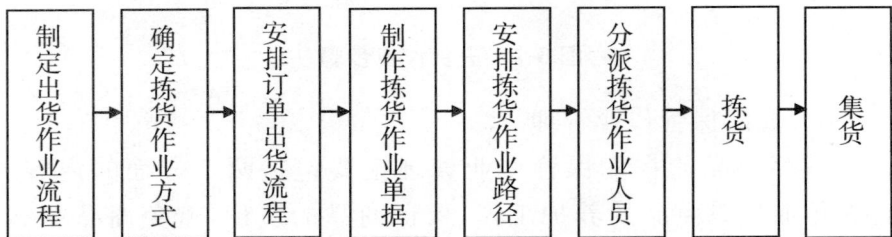

制定出货作业流程 → 确定拣货作业方式 → 安排订单出货流程 → 制作拣货作业单据 → 安排拣货作业路径 → 分派拣货作业人员 → 拣货 → 集货

图 3-8　分拣作业流程

5. 配装

配装一般发生在当单独的用户配送数量与车辆能负载的重量不成正比的情况下,在这种情况下,不仅要对所要运载的货物总量做一个统计,而且要对订货需求进行合理的搭配和装载,以达到尽可能提高配送效率的目的。

6. 输送

输送是配送活动中处于末端的作业流程,配送活动中的输送同普通的运输有着很大的差别。首先,配送活动中输送使用的交通工具通常为卡车;其次,配送中的输送一般都会选择普通的干线运输中没有的线路进行运输;最后,配送运输中的输送一般都是在小区域内进行短距离、频度高的运输。

7. 送达服务

仅仅完成货物的输送工作还不能算配送活动的完成,因为配送方将货物送达并不意味着用户立刻就能收到货物,因此,要完成完整的配送活动,就要实现从货物的运达到用户接收的过程,这就要求企业对配送活动加强管理,严格执行用户的订单要求。此外,在进行诸如大件货物的配送活动时,要注意做好货物的卸载和安装工作。

8. 配送加工

配送加工是流通加工的一种形式,但是又不同于普通的流通加工,是一种为了满足用户需求而存在的一种目的较为单一的加工形式。

9. 回程

回程就是运输工具完成配送任务回来的过程。在回程中,一般情况下,车辆都是空驶的,但是这样会大大降低运输效率。因此,为了提高运输效率、降低运输成本,可以对车辆的回程进行管理。具体方法是,回程车可以将包装物、废弃物等运回仓库进行集中处理,此外,在回程经过的路线上,可以设置若干货物联络点,使回程车辆顺路带回一些货物,减少空驶的情况。

二、配送中心规划

物流配送系统的规划是指对物流配送系统在实际运行过程中的运输路线、运输方案、运输流程等进行详细的分析和计划,保证配送计划能以最高的工作效率完成最多的工作量。

(一)物流配送系统规划的内容

1. 选址规划

很明显,如果物流配送中心位置选择的对,那么,这将节省不少物流成本和时间。物流配送中心位置的选择显著地影响实际营运的效率与成本以及仓储规模、运输批量。物流配送中心拥有众多固定机械设备,一旦建成很难搬迁,如果选址不当将付出长远代价。

2. 平面布局规划

平面布局规划首先需要对物流配送中心的运输、配送、保管、包装、装卸搬运、流通加工、物流信息等功能要素进行分析,然后结合物流需求的形式、发展战略,规划与设计功能和功能区。

3. 设备选择规划

只有有一定的设备做基础,才能保证整个物流配送过程正常进行。通常关于设备规划涉及的步骤以及内容较多,如涉及建筑形式、整个放置设备的空间布局如何、怎样选择设备以及选择什么样的设备、选好设备后如何安装等,此时就要采取系统分析的方法,使设备规划能够整体优化,争取能够做到以最简单的步骤做出最优的选择。

4. 信息系统规划

在研究物流配送中心时,我们会发现,整个物流配送正在朝着信息化、网络化、自动化的方向发展,这也是未来物流配送发展的必然趋势。在进行物流配送规划时,既要对信息系统的规划能够做到了如指掌,同时还要考虑满足内部作业的要求,这样更有助于提高物流作业的效率。

5. 运营系统规划

运营系统会包含一系列内容,如作业程序与标准、管理方法和各项规章制度,以及对各种票据的处理和各种作业指示图、对设备维修的一些规章制度,当系统出现故障时怎样处理的应对措施等。

(二)物流配送中心规划的原则

1. 系统最优原则

将物流配送中心作为一个整体,运用系统的概念、系统分析和系统优化的方法,求得物流配送中心的整体优化。

2. 动态柔性原则

由于物流配送中心的各个环节和要素之间都始终处于动态变化之中,要充分考虑物流配送中心系统发展的需要和变化的可能,以动态的观点和变化的观点作为规划的出发点,并贯穿在规划与设计的整个过程,使设计的物流配送中心具有柔性化的生产和服务能力。

3. 作业环节优化原则

合理规划作业环节,减少或消除不必要的作业,提高物流生产和服务的效率,降低人力和资源消耗。例如,在时间上缩短生产周期,在空间上减少占地,在物料上减少停留、搬运和库存等。

4. 人机工效原则

在规划与设计中,重视人的因素,运用人机工程学理论进行综合设计,并考虑包括空间大小、通道配置、色彩选择、照明、温湿度和噪声等环境因素,对人的工作效率和身心健康的影响。

(三)物流配送中心的总体规划

总体规划是对配送系统大方向的掌握,一般情况下应当遵循"时效性、可靠性、便利性、经济性"四大原则。

在实际操作中,配送中心会受到很多因素的影响,比如配送计划的制定、配送路径的选择、交货的及时性等等,这些因素都会影响配送活动的结果。因此,必须加强对配送系统的规划。总体规划的内容不仅包括物流配送的基本流程,包括进货区、储存区、拣货区、出货区等,并按照各作业区域的作业关系来决定各区的摆设位置,还要将用户变动、交通状况、车辆条件等多个客观因素考虑在内。配送中心的整体布局设计流程如图3-9所示。

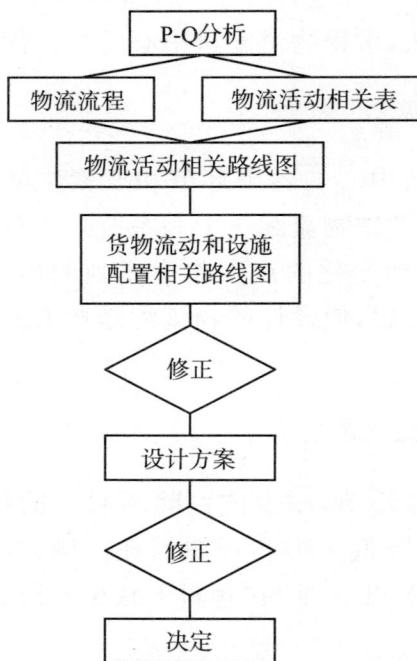

图 3-9 配送中心整体布局设计程序

(四)物流配送中心的具体规划

配送中心的具体规划就是对物流配送的具体作业流程进行程序和方式的优化,从而提高配送系统的工作效率。配送系统的具体规划主要包括以下几方面的内容。

1. 信息收集和处理的规划

(1)信息收集的规划

信息的收集主要是指对商品市场的供求状况、商品价格进行了解和掌握,并将其同客户的具体需求作为配送的依据。信息收集主要包括当前的资料收集以及未来规划的资料收集两部分的内容。信息的收集可以采用直接收集厂商数据和现场访谈的方式进行。信息在收集之后还要经过一系列的整理和分析,才能作为配送系统规划的重要依据。

(2)信息处理的规划

信息的处理主要是对收集来的信息进行分析,分析的数据主要包括订单的变动趋势、商品的数量和种类、市场的供需变化、人力需求状况以及作业流程和事务流程等等。

2. 配送计划的规划

配送计划的规划就是根据收集的信息,制定最合适的配送计划。加强配送系统的计划性有助于实现配送作业流程的高质量、少误差的目标。同时,制定合适的配送计划还有助于控制库存,保证较快的资金周转。

在配送作业流程中,往往涉及多种商品的多种特征,服务对象也是涵盖多种客户类型。在配送过程中,运输选用的车辆也是不同的,因此,需要对这些信息进行综合考量,制定出既满足客户需求,又能尽可能降低配送成本、提高配送效率的配送计划。除此之外,在配送作业以及接单的过程中,要对商品的库存量、管理人员以及配送设备进行严格的检查和确认,保证配送的人员数量、车辆类型、车辆可调度时间等信息能掌握在企业的管理人员手中，从而实现有效的调度。

3. 配送流程的规划

配送就是按照客户的需求将适当的货物经过分拣、加工和配货等步骤，及时送达客户手中的过程。配送系统几乎包含了所有的物流要素，因此在对配送系统进行优化和规划时，也应当对这些配送的具体流程进行设计，按照不同的货物种类和送货地点，选择最合适的配送流程。

4. 配送路径的规划

货物的配送路线是指在送货过程中车辆所经过的线路。配送路线直接影响配送的效率，也就是说，如果路线科学合理，那么配送就比较迅速、运输成本也会较低，企业物流效益也比较高。因此，优化配送路线是物流运输管理作业中的重要内容。

最具代表性的优化配送路线的方法是节约里程法，又称为网络图法（Vehicle Scheduling Program，VSP）。下面对这个方法进行简单的研究。

（1）节约里程法的基本假设

在实行节约里程法对配送路线进行优化时，以以下几条假设条件的确定为前提。

①配送货物相同。

②配送业务的客户信息（包括具体位置和需求量）确定。

③配送中心具有足够的运输能力。

（2）节约里程法的原理

在上述假设条件确定的情况下，就可以对配送线路进行优化，下图是利用里程法进行配送线路优化时货物运输车辆的排序图（如图 3-10 所示）。

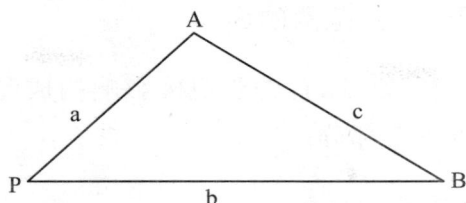

图 3-10 车辆排序图

如上图所示,设 P 为配送中心,A、B 分别为两个收货点,AP、PB、BA 之间的距离分别为 a、b、c。

(1)使用两辆货车运输

如果采用两辆货车分别进行 A、B 两条路线的送货,那么两辆车辆的形式总路程为 2a＋2b。

(2)使用一辆货车运输

如果采用一辆货车进行两个送货点的货物运输,设这辆货车的运输路线为 P—A—B—P,那么它的行驶总路程为 a＋c＋b。

相比上述两种运输方法,后一种方法比前一种方法节省 a＋b－c 的行驶路程,这段路程就成为收货点 A、B 之间的节约历程。

综上所述,节约里程法就是根据配送地点的位置计算出各种配送路线之间的"节约历程",并且按照"节约历程"的大小确定货物的配送线路。在实际操作中,如果车辆的承载量允许,那么尽量将多个收货点的货物运输安排在一辆货车上完成,形成一条配送路线。

三、物流配送成本的优化

物流的配送成本是指商品在空间移动的过程中发生的所有劳动的货币体现。配送成本具体包括人工成本、作业流程消耗、货物损耗、利息以及管理费用等等。配送成本的高低直接影响到配送系统利润的多少,因此对物流的配送系统进行成本的管理和优化是非常必要的。

（一）影响配送成本范围的因素

在计算配送成本之前，首先要明确影响构成配送成本要素的因素，主要包括以下三部分。

1. 成本计算范围的确定

在配送过程中，由于配送货物的不同和服务对象的差异，因此会出现不同的计算成本的方式，这种方式的确定在很大程度上影响了配送系统成本的构成。

2. 成本构成范围的确定

成本构成范围的确定就是确定要将哪几种费用列入配送成本。配送费用具体包括人工费、保管费、运费、折旧费等，这些费用是否纳入成本范围都会对最终配送成本的大小起重要作用。

3. 成本计算对象的确定

成本计算对象的确定就是确定在配送的具体作业流程中，哪些流程产生的费用应当被记入配送的成本。

（二）配送成本的特征

在对配送成本进行优化之前，首先要了解配送成本的特征。配送成本的特征主要表现在以下几个方面。

1. 隐蔽性

配送成本具有隐蔽性，这是指在企业的财务会计业务中很难轻易地看到配送成本的具体款项。通常情况下，企业的财务部门都不能完全掌握配送成本的支出，部分配送费用会体现在"销售费用"或"管理费用"的项目下，但是这些费用却不能完全代表配送成本。由于在财务部门的账目中，并没有"配送成本"这一特定的项目，因此，管理人员很难统计出配送成本的总数，也同样忽略了对配送成本的管理。

2. 削减的乘数效应

配送成本的削减具有乘数效应是指配送成本的减少会造成企业利润的乘数变化。比如说,10%配送成本的下降可能会带来50%销售额的增加。也就是说,企业配送成本的减少对于企业盈利有着重要的意义。

3. 成本的"二律背反"

二律背反是指统一资源的两个方面之间存在着互相矛盾的关系。配送成本的二律背反的意思就是:配送成本的众多构成要素之间存在着矛盾的关系,比如说,想要降低库存成本,就要减少库存量,这样就会造成运输次数的增加,导致运输费用的上升。因此,几种配送成本往往不能同时减少,一种费用的减少就会造成另一种费用的增加。

(三)配送成本的构成

以不同的分类标准划分配送成本,可以得到不同的结果。

1. 以配送环节为依据

以配送活动的基本环节为依据,可以将配送成本分类为配送活动成本、信息处理成本以及配送管理成本。在这种分类模式下,企业可以更容易的掌握配送活动各个环节的成本状况,并对配送成本进行控制和优化。

2. 以支出形式为依据

以支出形式为依据可以将配送成本分为本企业支付的配送成本以及支付给外企业的配送成本两部分。在这种分类情况下,企业便于对各项费用的变化情况进行分析和评估,有助于企业对物流活动的绩效进行评价。

四、物流配送的绩效评估

在日益激烈的竞争环境下,企业要想获得更多的利润,就不得不将精力放在开发高效率的物流上。因此,对于物流活动各环节的绩效评估也就显得尤为重要。对物流活动中的配送活动实行绩效评估,有助于企业更好地进行资源的配置,从而实现高效率的物流系统的建立,为企业降低成本、提高利益起到重要作用。

(一)物流配送绩效评估的目的

物流配送的绩效评估是一种利用公式计算出金额或比率,以此为基础判断企业经营状况的评价方式。对物流的配送环节进行绩效评估,就是判断物流系统中配送环节的生产力状况,并找出可以改善和优化的内容,加以改正。具体来说,物流配送绩效评估的目的主要表现在以下几个方面。

1. 提高部门员工责任意识

对各部门或各员工的工作进行仔细的评估,将其作为一个单位进行作业实绩的考察,有助于提高部门及员工的责任意识和目标达成意识,从而推动企业整体效益的提高。通过对各部门及各员工的工作评估,一方面,可以使管理者了解物流系统的运行状况,判断物流系统是否达到工作既定目标;另一方面,这种评价有助于提高员工的积极性,从而促进企业整体工作效率的提高。

2. 提高员工干劲

对物流系统配送环节进行绩效评估有助于集合企业整体和员工个人的工作目标,从而提高员工的干劲。比如说,企业可以将绩效评估的结果作为决定员工薪资的考量因素,在这种情况下,员工为了提高自己的工作水平,都会积极投入工作当中。但是值得注意的是,企业不能只注重员工工作效率的提高,在促进员工提高工作积极性的同时,也要保证工作质量的稳定。

3. 提高企业成本意识

通过对配送环节进行绩效评估,有助于提高企业内各部门及员工的利益与成本意识,从而达到精兵简政的目的。在工作的进行过程中进行评估,有助于企业管理者能在重大错误发生之前进行及时的控制和纠正,避免遭受巨大的损失。

(二)物流配送绩效评估的原则

在物流系统中对配送环节进行绩效评估要遵循以下几大原则。

1. 明确企业经营战略

在进行绩效评估之前,首先要明确企业的经营战略,也就是企业的经营方针和最终要实现的经营目标,这样才能有方向的对配送进行分析和评估,保证绩效评估有助于企业经营目标的实现。

2. 完善绩效评估制度

进行绩效评估时,首先要建立完善的评估制度,针对企业的不同部门,以各部门的生产力状况为重要依据,制定出最适合的评估制度。同时,还应当让员工充分了解企业的绩效评估方式以及评估内容。

3. 建立上下层之间的信任关系

信任是保证评估正常且公正运行的重要前提,因此,在具体评估之前,要建立企业上下层之间的互相信任关系,保证员工是在平和的心态下接受绩效评估的,这样能在很大程度上保证绩效评估体制公平的运行。同时,企业在评估的过程中,要积极征询员工的意见,以优化评估体制。

(三)物流配送绩效评估的影响因素

在配送环节的具体评估过程中,有以下两种因素对评估工作起到了影响。

1. 快速响应

快速响应是影响配送中心是否能及时满足客户要求的重要影响因素,其中时间是衡量效率的最直接的因素,因此,在配送环节的绩效评估中,要首先对配送中心提供服务的时间进行评估。

2. 最小变异

最小变异是指在具体作业流程中出现的可能影响系统稳定运行的最有可能发生的突发事件。最小变异可以用来衡量配送活动提供的服务水平是否满足了客户的需求。

(四)物流配送绩效评估的内容

根据评估范围的不同,物流配送绩效评估的内容可以分为内部评估和外部评估两部分。

1. 配送中心的内部绩效评估

配送中心的内部绩效评估主要就是对配送中心的内部进行评价,主要内容是当下的物流作业的成果同往期的作业成果以及本期的作业目标进行比较。具体来说,配送中心的内部绩效评估主要包括以下五个部分的内容。

(1)物流顾客服务评估

物流顾客服务评估是指对物流顾客服务水平进行评价,这项评估内容有助于对企业能否满足客户需求进行评价和判断。

(2)成本评估

成本评估就是对完成配送任务过程中产生的费用进行分析

和评价。对配送成本评估的代表性指标是总金额表示的销售量的百分比或是每个单位数量的成本。

(3)生产率评估

生产率评估就是对配送中心完成一次配送任务所要投入的资源与配送服务之间的相对关系进行评价。生产率指标有静态、动态和替代性三种类型。静态指标是指在特定时期内配送中心的生产率水平;动态指标是指两个时期的配送中心的生产率的比较;替代性指标是指用与生产率相关的指标来替代生产率,比如客户满意度、质量水平、利润高低等等。

(4)配送质量评估

配送质量评估就是指对整个配送活动的效率和质量进行评价。配送质量评估是配送绩效评估中最重要的评估内容,涉及的范围很广,因此具有相当的难度。对配送质量的评估涉及订单进出、库存检查、拣货、装货、送货、支付等一系列环节。

(5)资产管理评估

资产管理评估就是对在配送环节中付出的资本,包括投入的设施和设备及其使用状况进行评价和管理。

2. 配送中心的外部绩效评估

配送中心的内部绩效评估有助于提高员工的工作积极性,促进对资源的优化配置,从而实现企业经营利润增长的目标。而对配送中心的外部进行评估,包括顾客对配送中心的评价、其他企业对配送中心的评价等。配送中心的外部绩效评估有助于配送中心获得更多的信息。具体来说,配送中心的外部绩效评价主要包括两方面的内容。

(1)顾客角度的评价

从顾客角度对配送中心进行绩效评估是外部评估的重要内容之一。从顾客角度对配送中心进行绩效评估可以通过调研或者订货系统追踪的方式进行。评估的主要内容包括库存的可得性、信息程度、订货完成时间等等。

（2）与其他企业的比较

与其他企业进行比较首先要确定一个通用的基准，然后用这个通用的基准去衡量企业配送中心的资产管理、成本、生产率、技术、运输、仓储等环节，并通过对本企业配送中心与其他企业的比较找出弱点，加以改正。

（五）物流配送绩效评估的指标体系

物流配送绩效评估指标的确定取决于物流服务的最终目标。围绕配送中心要实现的物流总目标，往往会出现为了评估各种分目标而存在的评估指标，这些指标就构成了一个物流配送绩效评估的指标体系，具体如图 3-11 所示。

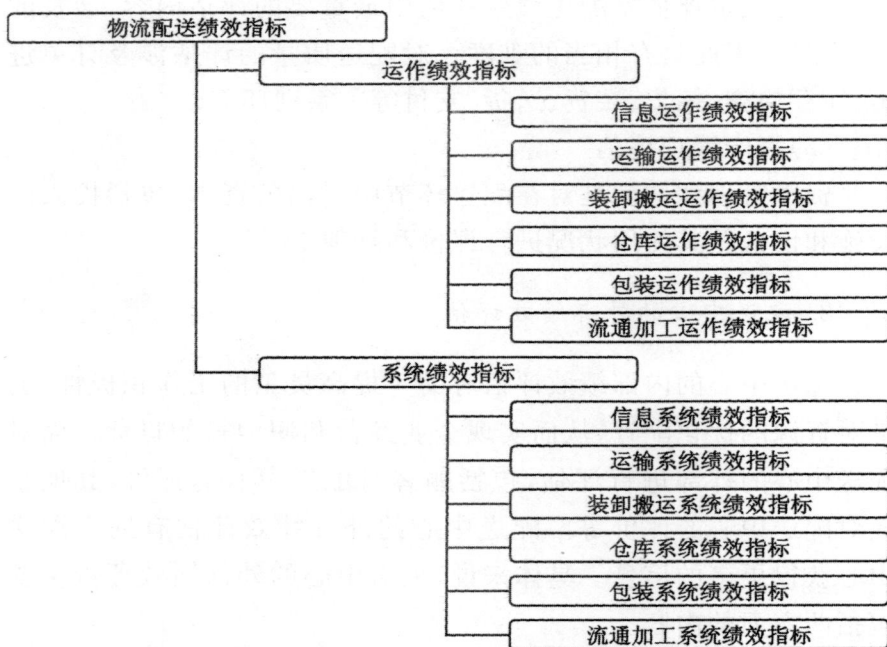

图 3-11 物流配送绩效评估指标体系

在实际操作中，由于物流产出服务，并且包括运输和仓储两大重要的活动要素，因此，物流配送的指标体系主要包括三方面内容。

1. 物流服务绩效指标

物流服务绩效指标具体包括六项指标。

(1)服务水平指标

$$服务水平＝满足要求的频数/客户需求频数$$

(2)交货期质量指标

$$交货期质量＝规定交货期－实际交货期$$

在上式中,如果交货期质量的计算结果为正值,说明配送中心在规定时间之前就完成了交货,如果计算结果是负值,则表示配送中心没有按时交货。

(3)交货水平指标

$$交货水平＝交货期交货次数/交货总次数$$

(4)商品完好率指标

$$商品完好率＝交货时完好的商品数量/商品总数量×100％$$

(5)物流单位费用指标

$$物流每吨费用＝\frac{物流费用/物流}{总量满载率}＝\frac{车辆实际装载量/}{车辆装载能力}×100％$$

由于在上式中,物流单位费用指标所用的商品数量单位为吨,因此,物流总量的单位也是吨。

(6)满足程度指标

$$满足程度＝满足要求数量/用户需求总量$$

2. 仓库绩效指标

仓库绩效指标主要反映仓库的工作效率和系统绩效,具体包括以下九个指标。

(1)仓库吞吐能力实现指标

$$仓库吞吐能力实现率＝\frac{期内实际吞吐量/}{仓库预计吞吐量}×100％$$

(2)库存商品缺损指标

$$库存商品缺损率＝商品缺损量/该批商品总数量×100％$$

（3）商品完好指标

$$商品完好率 = \frac{（商品库存量 - 商品缺损量）/}{该批商品总数量} \times 100\%$$

（4）商品收发指标

$$商品收发正确率 = \frac{（商品吞吐量 - 出现差错总量）/}{商品库存量} \times 100\%$$

（5）仓库面积利用指标

$$仓库面积利用率 = \frac{库房、货棚、货场占地面积/}{仓库总面积} \times 100\%$$

（6）仓储单位成本指标

$$仓储每吨每日成本 = 仓储成本/库存量$$

在上式中，计算结果的单位为：元/（吨·天）。

（7）设备状况指标

设备完好率 = 期内设备完好数量/通气设备总数量×100%

（8）设备利用指标

$$设备利用率 = \frac{全部设备所有工作时长/}{设备总工作能力（时数）} \times 100\%$$

（9）仓容利用指标

仓容利用率 = 仓库实际占用容积/库存总容积×100%

3. 运输环节质量指标

运输环节中的质量指标与仓库指标相比有以下两种较为特殊的内容。

（1）正点运输指标

正点运输率 = 正点运输次数/运输总次数×100%

（2）满载指标

满载率 = 车辆实际装载量/车辆装载能力×100%

（六）物流配送绩效评估指标的分析

对物流配送评估指标的分析，实际上就是对上述计算得出的数据进行分析，以发现企业配送环节和配送中心存在的问题并加以改正。在实际工作中，经常使用到的两种方法分别为单一指标分析法和多元指标分析法。

1. 单一指标分析法

单一指标分析法，就是以一种指标计算得出的数据为依据对整个配送环节的绩效进行评估和分析。但是由于选择的指标和数据较为单一，因此常常忽略重要的影响因素。

2. 多元指标分析法

同单一指标分析法相对，多元指标分析法就是综合分析多个相互关联的多个绩效评估指标，从而得出对配送系统的相对准确的评价。

第四章　电子商务物流的服务与成本管理

　　网络技术与电子技术的发展,使得电子中介作为一种工具被引入到生产、交换和消费中。电子商务在全球的迅速展开,导致现代物流也不断朝着纵深的方向发展,电子商务物流服务悄然而至,正在成为物流服务的新方式。因此,电子商务物流的服务管理以及成本管理是影响企业发展的重要因素,有必要对其进行深入的概括性认识。

第一节　电子商务物流服务与成本管理的关系

一、物流服务与物流成本之间的关系

　　一般情况下,高水平的物流服务意味着高的成本投入,而企业很难同时做到既满足客户的要求又很好地控制物流成本。通常,物流服务水平之间存在着效益相悖的非线性关系。

　　物流服务水平的提高幅度会随着物流成本的投入而逐渐下降,也就是说,在物流服务水平达到一定质量之后,再多的成本投入也不会换来大幅度的服务水平提高。因此,物流服务水平和物流成本之间的关系可以用收益递减的法则来诠释。

　　物流成本和物流服务水平之间存在着"规律中的矛盾"的关系,因此,企业很难在投入较低成本的情况下获得高质量的物流服务。但是通常情况下,还是有比较普遍的四种方法可供企业选择。

(一)改进物流系统

改进物流系统的做法有一个前提条件,那就是在物流服务水平一定的情况下,通过不断地降低成本来实现物流系统的完善,从而在维持一定效益的同时减少企业投入。

(二)提高企业投入

提高企业投入就是企业为了达到更高质量的物流服务水平,提高自己的竞争优势,而在物流服务交易中提高成本投入的做法。这种方式是企业在实际工作中普遍会采用的一种方法。

(三)挖掘物流成本潜力

挖掘物流成本潜力也有一个前提,就是维持成本投入的一定,在成本投入保持不变的情况下,企业可以通过挖掘成本的潜能来提高物流服务水平。这是一种追求成本绩效的方式。

(四)提高成本利用率

提高成本利用率就是企业尽量以较低的成本投入来获得较高质量的物流服务。这种做法可以带来销售量的提高和收益的增加并且能对企业产生战略意义。

以上只是提供了较为普遍的处理方法,在具体操作中企业要如何抉择,应该充分将商品战略和地区销售战略等方针政策纳入考虑范围,并且综合分析竞争对手的实力以及物流系统所处的环境,最后做出最有利于企业发展创收的方法。

二、物流服务与物流成本管理的基本思想

物流服务和物流成本管理的基本思想是指企业同时对物流成本和物流服务质量进行控制的思路和方法。大致来说,主要包括以下两大类。

(一)系统管理

系统管理的基本思想指导企业在进行物流成本和物流服务质量管理的时候要纵观全局,不能只是关注物流成本的降低,也不能只是单纯考虑如何提高物流服务水平,而是应该将两者之间相互制约的关系作为管理的重要因素和基础。在现实管理中,很多企业物流成本的增加并不是由于相关部门操作有误,而是由于采购部门和销售部门在不考虑物流成本的情况下进行采购和销售决策,导致物流成本无谓的提高,但却并没有带来物流服务水平的提高,从而造成企业的经济损失。

因此,在进行物流成本和物流服务管理的时候,企业要全面分析物流成本同企业各项经营活动之间的关系,对物流成本的结构产生充分的认知,并且以企业自身的特点为依据进行采购物流成本、生产物流成本以及销售物流成本等的计算和决策,在合理控制物流成本的同时,促进物流服务水平的提高。

(二)流程管理

在进行系统管理的前提下,企业在进行物流成本和物流服务决策的时候要同时对流程进行管理。流程管理就是在具体的操作过程中,企业要对每一个物流步骤进行分析和控制。

在流程管理的基础上,根据客户期望程度的不同,可将流程管理分为以下三种情况。

1. 客户对物流服务抱有期望

对物流服务抱有期望的客户的概念是很笼统的,不仅包括企业内部的员工,还包括企业外的批发商、零售商以及最终端消费者等。但是这些客户对物流服务抱有的期望是不一样的,也就是说,不同的客户对物流服务有不同的要求。因此,企业在进行决策时,一定要以客户的需求为依据,避免出现提供高质量物流服务反而收到不良效果的现象。

2. 客户对物流服务不抱有期望却能及时发现

客户虽然对物流服务没有抱以期待，但是在企业提供之后还是能很快察觉的服务通常情况下都是附加服务。这种服务一般是在客户的期望之外的，但是在企业提供之后，客户可以立刻知道，虽然附加服务并没有满足客户对物流服务的具体要求，但是它增加了客户价值，从长远分析必定是提高物流服务水平的重要环节。

3. 客户对物流服务不抱有期望并且无法及时察觉

客户没有抱以期待并且即使企业做了也无法引起客户注意和察觉的服务就是所谓的无效物流作业。比如说，在企业仓库中，采用全自动或半自动系统进行运作是客户看不到也不关心的，客户只关心最后收到的货物是否存在质量问题。

在上述三种情况中，企业首先要做到的是给客户提供第一种物流服务，即客户抱有期待的物流服务，因为这一部分服务直接和客户的满意程度产生关系，是以直接满足客户需求为目标的，因此，这一部分的服务不仅要首先做，而且要做好。其次是第二种物流服务，即客户没有期待却能及时发现的物流服务，这一部分的服务虽然不直接满足客户的需求，也不能直接影响客户的满意度，但是从长远来看是提高客户价值的重要措施，因此在不提高总成本的情况下可以进行。至于第三部分的服务，由于完全不影响客户的满意程度，因此在不影响整体物流服务水平的前提下，应尽量降低成本，促进企业在减少成本的同时维持物流服务质量。

总的来说，降低物流成本和提高物流服务质量两者之间是相辅相成的关系，企业在进行管理的时候一定要宏观考虑，对内，尽量降低成本，实现利益最大化；对外，则不能对成本费用有所保留，由于提高服务质量才能满足客户需求，才是最终目的，因此在提高物流服务质量方面不能吝啬费用和成本的增加，要及时出手，提高物流服务质量，提升企业竞争力。

第二节　电子商务物流服务管理

现代电子商务物流服务管理的实质就是在保证客户满意的基础上,尽可能提高物流服务运输速度。也就是说,电子商务物流服务管理和决策的主要目的是满足客户的需求。因此在具体决策过程中,企业要首先确定客户的需求,其次再通过差别化管理来达到目标。本节将介绍电子商务物流服务的内容以及具体的决策方针。

一、电子商务物流服务的内容

电子商务同非电子商务在实现商品销售的环节不存在较大的差异,但由于电子商务采用了不同的物流方式,就会产生很多特殊的服务,这些特殊服务把其和非电子商务在本质上区别开来。概括来说,电子商务物流服务的内容主要包括两大部分,一部分是销售物流服务,另一部分是增值物流服务。

(一)销售物流服务

电子商务物流服务的销售物流部分的内容按照物流的流程可以分为六大板块。

1. 运输功能

运输功能无论在何种商务交易中都是一项基本的功能,它是保证消费者需要的货物能从厂方送到消费者手中的过程。电子商务服务提供商可以通过租买车辆来进行运输,但是会产生高昂的成本,因此对于电子商务服务供应商来说,较合适的方法是将物流运输业务外包给第三方经营。一般情况下,电子商务服务供应商外包运输功能的第三方都是拥有一定运输工具和物流规模的物流经营者。因此,第三方物流经营者必须为电子商务服务供应商提供最为合适的运输系统,选择恰当的运输方式,并且在具体的运输过程中时刻对物流进程进行监控,保证货物能在规定时间内送达消费者手中。

2. 储存功能

电子商务供应商不仅需要建立因特网网站,同时还应该具备物流中心,建立物流中心的一项主要环节就是建立仓库及其附属设备。对于电子商务供应商来说,建立仓库的目的不是为了储存商品,而是为了顺利地进行商品的分销活动,同时要尽量避免由于库存商品过多造成的资金占压的现象,降低储存成本。总的来说,提供社会化物流服务的公共物流中心需要涵盖分拣、传送、储存以及拣选的设备及功能。

目前,已经有很多企业开始通过电子商务的信息网络平台对商品库存进行控制,用信息代替实物库存,以达到降低储存成本的目的。这种方式的做法主要是建立需求端数据自动收集系统（ADC:Automated Data Collection）,即将库存信息放在网络上供消费者浏览和查询,而在实际库存中没有进行储存。生产厂商和经销商、物流供应商应该对库存信息进行共享,保证信息和实际库存之间不会产生误差。

3. 装卸搬运功能

装卸搬运功能的目的是提高商品的流通速度。电子商务与普通的商务交易一样,需要具备装卸搬运的能力,而由承接电子商务供应商物流运输业务的第三方物流服务供应商则应该提供更加专业化的装载、卸载、运送以及码垛等运输设备,以达到最快的搬运效率,减少客户的订货周期,并保证商品的质量完好。

4. 包装功能

电子商务物流服务的包装功能指的是对商品的销售包装进

行组合、拼配,以形成适合运输的包装组合。

5. 流通加工功能

电子商务物流服务的流通加工功能是指为了方便商品的生产和销售,商品的制造商和分销商往往会和一些专业的物流中心建立长期的合作关系,这些专业的物流中心会为制造商和分销商提供一定的加工作业的服务,比如贴标签、制作条形码等。

6. 物流信息处理功能

现代的物流运输已经渐渐离不开网络和计算机技术,电子商务的物流服务更是如此,因此,将运输过程中的各个环节和步骤的信息进行收集和分析,并将其分享到互联网上,以方便客户查询是相当必要的。

(二)增值物流服务

除了上述已经介绍过的销售物流服务之外,电子商务还涉及一些增值性的物流服务,主要可以分为四大类。

1. 增加便利性的服务

凡是能够简化操作程序和手续的服务都属于电子商务物流服务中的增值性服务。这一类的增值服务包括在提供电子商务的物流服务时实行的"一条龙"服务、提供完备的操作流程和作业提示、自动订货业务、自动转账业务、24 小时营业业务以及对物流全过程进行全程追踪等。

2. 提高反应速度的服务

快速反应是物流发展的一大动力,但是随着客户对物流速度的要求越来越高,已经不能将加快反应速度简单的作为加快运输速度来处理,而是要通过其他方式来提高物流服务的反应速度。提高电子商务物流服务的反应速度可以通过优化电子商务系统的配送中心来实现,优化电子商务系统的配送中心可以对电子商务的流通渠道进行再设计,以达到简化物流程序、提高物流系统反应速度的目的。

3. 降低成本的服务

电子商务在发展的过程中难免会出现因为物流成本过高而无法承受最终退出电子商务领域的企业,也有一些小型企业由于无法支撑高负荷的物流压力,于是将一部分的物流服务外包给专业的物流中心进行管理。因此可以看出,物流成本在电子商务领域的重要地位。所以企业在进入电子商务领域之初就应该选择好能够有效控制成本的物流方案。

企业可以考虑的方案包括:采取物流共同化计划、引进先进的物流技术和设备、推行物流管理技术等,来达到提高物流效率、降低物流成本的目标。

4. 延伸服务

电子商务物流服务中的延伸服务范围很广,不仅包括由企业销售环节向上延伸的市场调查、市场预测、采购、处理订单,还包括由销售环节向下延伸的商品配送、物流方案的设计和选择、库存管理等,甚至还包括教育和培训。这些延伸的增值性服务虽然最具有增值特点,但是同时也是最难实现的。这些延伸服务是否能够提供已经成为衡量一个企业竞争力的重要指标。

二、电子商务物流服务的决策研究

电子商务物流服务的决策研究可以从两个方面进行,首先是电子商务物流服务在决策过程中的具体步骤,其次是未来电子商务物流服务的发展途径及对策。

(一)电子商务物流服务决策步骤

电子商务物流服务决策的具体步骤对电子商务物流的服务

水平以及能力会产生很重要的影响。因此合理安排电子商务物流服务的决策步骤也是电子商务物流服务管理的重要职能之一。

具体来说,电子商务物流服务在决策过程中共分为以下五个步骤。

1. 确定服务要素

开展电子商务物流服务的第一个步骤就是明确电子商务物流服务的具体要素及其相应的指标,也就是物流服务的主要物流活动。通常情况下,电子商务物流服务的服务要素包括备货、接受订货的截止日期、进货期、订货单位以及各环节的信息等。只有先明确了这些物流活动及信息,才能展开后续的电子商务物流活动。

2. 向客户搜集信息

电子商务物流服务也是客户服务的重要组成部分。因此,向客户搜集相关信息,了解客户对物流活动的具体要求和需要是电子商务物流服务决策中的重要步骤。实现搜集信息目标可以通过问卷调查、座谈、采访或者通过第三方专业公司的调查活动来进行。电子商务物流服务的重要性和满意度以及竞争企业的电子商务物流服务的竞争力都是调查搜集信息的主要内容。具体来说,电子商务物流服务信息的搜集和调查主要可以采取以下三种措施和方式。

(1)客户服务流程分析

客户服务流程分析的方法主要是通过明确企业与客户之间的具体时间节点来确定企业与客户接触时,客户的满意程度。[①]这里的节点主要以时间序列为基轴进行标示。

(2)客户需求分析

客户需求分析的主要内容是研究客户需求与企业提供的电

---

①　吴健．电子商务物流管理[M]．北京:清华大学出版社,2009,第 245 页．

子商务物流服务之间的差距。再根据了解调查得到的信息对企业的物流服务进行调整和改善。这种调查方法的关键是提出问题要尽量全面、完整、具体,涉及物流服务的各个方面,保证客户能从全方面评价企业提供的电子商务物流服务。同时,应该注意的是对于客户需求的先后顺序的处理,位于优先位置的客户需求是企业物流服务的核心内容,应该优先处理,然后才是对那些不占重要位置的客户需求进行调节。

（3）定点超越分析

定点超越分析就是研究本企业与竞争企业在电子商务物流服务的提供上的差距,分析本企业的不足之处并加以改正和完善的方法。定点超越分析的具体措施包括服务流程的定点超越和客户满意度的定点超越两种。

3. 总结客户需求类型

不同的客户类型可能会产生不同的服务需求,因此,对市场客户的需求进行类型化分析也是电子商务物流服务决策过程中的重要步骤。同时,客户思维模式的差异以及行为方式的不同也会对客户的服务需求产生影响,形成多样化的物流服务需求。在这种情况下,企业需要考虑的重要问题就是以什么样的特性作为区分客户需求的基础和依据。此外,对市场客户需求的分析还应当注意各客户群体对企业的贡献度以及其潜在能力,也就是说,对于那些对企业有重要贡献或者具有巨大潜在能力的客户需求,企业应该首先予以考虑。

4. 制定电子商务物流服务组合

在对客户的需求进行类型化分析之后,就要制定针对不同客户群体的物流服务方针,这是在政策上对各客户群体的资源配置进行确定的过程。之后,就要进行物流服务水平设定的预算分析,将商品单位、进货时间、附加服务等因素的变化作为成本预测的重要考量。成本预测之后,在分析竞争企业的物流服务水平的基础之上,就要针对不同的客户群体制定不同的电子商务物流服务组合,以满足各客户群体的不同需求。需要注意的是,在制定服务组合时,要考虑物流服务水平的变更会对客户造成的影响,保证电子商务物流服务的质量。

5. 对服务组合的管理和决策

在上一个步骤制定了物流服务的组合之后,就要对组合进行一定的管理和决策,这个步骤是一个动态过程,也就是说当初制定的针对各客户群体的服务组合并不是一成不变的,会根据影响因素的变化进行不断调整以更好地满足客户的需求。对服务组合进行决策总体来说可以分为五个过程,分别是客户服务现状把握、客户服务评价、服务组合制定、电子商务物流服务系统再构建和客户满意度的定期评价,决策过程中要不断重复循环这五个步骤,最后实现电子商务物流服务水平和效率的提高。

(二)电子商务物流服务的发展途径

目前,各企业都会存在一定的问题影响或阻碍电子商务物流服务的发展,因此,对电子商务物流服务发展途径的研究就显得非常重要。通常来说,电子商务物流服务的发展途径主要包括以下几个方面。

1. 提高社会重视程度、加大人才培养力度

传统的思想中,企业和整个市场普遍轻物流而重商流,这样在影响物流水平发展和进步的同时也会阻碍商业交易的发展,因此,要提高整个社会和市场对物流服务的重视程度,将物流服务看作一个产业。同时,针对我国物流服务产业发展较慢、教育资源落后的缺陷,国家政府应该加大对物流服务产业人才的培养力度,改革当下的人才培养机制,积极引进国外先进的物流服务人才及培养经验,在培养人才的同时,提高他们在实践中的参与度,

将学习和实践相结合,以达到更佳的培训效果。同时,要扩展电子商务物流服务的产业链,促进人才的跨越式发展,从而实现我国电子商务物流服务的远大发展目标。

2. 国家和企业共同构建电子商务物流服务系统

构建电子商务物流服务系统无疑是促进电子商务物流服务发展的重要途径,但是在构建完整系统的过程中,企业往往要花费大量的财力、人力及物力,这就需要政府进行扶持和帮助。因此,构建电子商务物流服务系统并不是一家或几家企业就可以完成的事情,不仅需要上、下游企业的积极配合,还需要政府的大力帮助。具体来说,政府可以通过在高速公路、铁路、航空和信息网络等基础设施方面投入大量的资金,保证交通和信息通畅的方式来形成一个交通和信息网络,这个网络覆盖整个社会,为电子商务物流服务系统的构建提供良好的社会环境。企业通过这样覆盖广的交通和信息网络为客户提供方便的电子商务物流服务,以提高企业的竞争力。

3. 鼓励发展第三方物流

物流企业的业务范围已经不仅仅是传统物流的仓储、运送等了,还包括物流追踪、分拨设施以及一系列的附加服务,因此,很多企业无法在完成自身经营任务的基础上再在物流服务方面做得尽善尽美,这就需要第三方物流企业的发展。第三方物流企业一般情况下由于只专注于物流服务的提供,因此在物流服务产业非常专业。大力发展第三方物流,促进第三方物流给客户提供更多的物流服务,有助于企业在满足客户需求的同时,减轻经营负担,对于第三方物流企业来说,加速发展、扩大业务范围有助于提升企业的市场反应速度,促进企业的社会化水平,形成一个功能齐全、层次鲜明、覆盖完整的综合物流服务体系。

大力发展第三方物流已经不仅仅是国际物流服务产业的趋势,同时也是我国未来物流服务产业的发展方向。

第三节　电子商务物流成本控制

一、电子商务物流成本的核算

物流成本的计算通常与财务部门紧密相连,对物流管理来说是十分重要的步骤。物流成本的计算需要连续、频繁的进行。物流成本计算的目的是为企业物流系统的完善提供基础和依据。电子商务物流成本的计算方法根据分类方式的不同主要分为以下四种。

(一)按支付形态计算

按支付形态计算是指按照支付形态的不同,将一定时期内的费用因素进行分类计算的物流成本核算方式。这种计算方法以与财务会计相关的费用支出为基础,主要包括材料费、人工费、维护费、管理费等多种费用的计算。

(二)按物流管理的基本活动计算

以物流管理的基本功能活动为基础的电子商务物流成本的计算方法可以总结如下:

企业物流总成本＝运输成本＋存货持有成本＋物流行政管理成本。在物流管理中,由于跨边界和开放性的特点,导致企业的一系列相互关联的物流成本既发生在企业内部的不同部门,又发生在与企业有合作关系的合作伙伴那里。因此,物流成本不仅和企业的生产和销售产生直接的关系,而且又涉及客户的物流服务需求。因此,这个计算方式是为了使企业和客户都能清楚明了的推算出企业各物流项目的物流总成本,但是在具体操作过程中,仍然具有很大的难度。

（三）按物流项目进行计算

按物流项目进行计算就是对于电子商务物流活动产生的物流成本按照活动的不同进行分开计算。这种计算方式的运用主要是为了适应物流服务新出现的过程特征以及跨越现行会计制度的缺陷。这种计算方法在实际操作中有一个前提条件，那就是要先弄明白物流成本以及物流活动之间的关系，在能够控制物流活动过程的预算体系以及物流服务绩效管理指标体系的协助下，才能进行这种计算。2002 年，Ray Muncly 教授提出了这种计算方式的概念性公式如下：

物流总成本＝物流费用＋所动用的物流服务资产的总价值×资产占用费率。这一类方法对研究物流总成本来说是一条新的思路途径，但是在实际应用中，和物流成本管理实践的要求还存在着较大的差距。

（四）按成本分析法计算

按成本分析法进行计算是以物流活动为基础的，这种方法被普遍认为是确定和控制物流费用最有前途的方法。

采用传统的成本计算法进行物流成本的计算时，企业的会计部门只会把会计科目中支付给外部运输和仓库企业的费用归入成本，而这些费用在整个物流总成本中只是很少的一部分，而其他一些费用，比如企业使用自己的车进行运输、商品由企业内部员工进行包装和装卸，这些其实都是会产生费用的，但是都没有被算在物流成本当中。因此，传统的成本计算法在对费用和物流成本进行分析和确认时往往存在很多缺陷。

传统的成本计算法已经不适用于现代的企业生产，很多费用不能在物流总成本中得到体现也导致了物流控制无法有效、科学地进行。在现代成本计算中，普遍采用"数量基础成本计算"的方式，就是将与产量相关的直接工时、机器小时以及材料耗用额作为成本计算的依据和基础。采用这种计算方式，使企业的物流活动成本大幅上升，很多企业的物流费用都已经超出了可控范围，并且造成了物流服务水平的下降，这种危机在当前高科技背景下的先进制造企业是非常致命的。

现在采用的物流成本核算方法则是以成本分析法为基础的一种作业成本法，在企业中采用作业成本法对物流成本进行计算进而进行管理可分为以下四个主要步骤。

1. 界定各个作业

作业在企业中是每一项工作的单位，作业的类型和数量也会根据企业的不同而存在差异。在这个阶段，就是要对企业物流系统中涉及的各个作业进行界定，比如，顾客服务部门的作业就包括处理客户订单、解决产品问题等。

2. 确认物流资源

成本来源于资源，确认物流资源详细来说就是对企业在物流系统中涉及的所有资源进行确认。企业的物流系统在物流活动中涉及的各项资源包括直接劳动力、直接材料、生产维持成本、制造费用以及包括宣传在内的生产外费用。资源界定的基础是作业界定，也就是说，只有作业涉及的资源才能算做这个阶段界定的对象。

3. 确认资源动因并将资源分配到作业

作业对资源耗用量的直接影响被称为资源动因。资源动因连接着资源和作业两大因素，在这个阶段就是要在确定资源动因的基础上，将总分类账目上的资源成本分配到作业。

4. 确认作业动因并将成本分配到产品或服务

成本对象和作业消耗之间的逻辑关系就是作业动因，比如，问题越多的产品就会产生越多的客户咨询电话，而这个案例中电话数的多少就是作业动因。在这个步骤中，就是要确定这种作业动因并将它会产生的成本分配到具体的产品或服务中去。

对物流成本进行分析和计算是为了实现在提供的物流服务水平一定的前提条件下尽可能地降低企业的物流成本，以提高企业的竞争力。对物流成本的分析和管理要站在宏观的角度进行，由于物流是一个相对大的系统，如果不能从整体对其进行分析和管理，可能会造成大系统下的各个子系统之间各自为政的现象，这样就会造成物流成本的上升，不利于企业经营和发展。国外一些国家对物流成本的研究已经有了相当长的时间，也形成了相对完善的物流成本分析核算体系，而我国在这方面的研究开展得较晚，相关的政策和法规的制定都相对落后，还没有形成一套完整的物流成本核算体系，这使得我国企业在进行物流成本的核算时没有相关的政策作为依据，因此难度仍然很大。

二、电子商务物流成本的特殊性

目前，很多企业虽然已经认识到物流领域的巨大潜力，但是都没有对物流成本进行有效的控制，这是源于企业对电子商务物流成本特殊性的认知不足，电子商务物流成本的特殊性具体来说包括以下六个方面。

(一)隐含性

隐含性是指在现在的企业中，往往没有给物流成本设置单独的财务项目，这就导致在物流成本的管理中会出现很多困难，使得物流成本中包含的销售费用、管理费用等不在财务项目之中，缺少这些数据，就会使企业对物流成本的管理造成很大的阻碍。相对来说，外购物流服务支付的费用则比较容易计算，因此，很多企业在计算外购物流服务支付费用的同时，忽略了内部物流成本的计算，这就造成外购物流服务费用往往被当作全部的物流成本进行计算，然而这只是物流成本中的一部分。

(二)复杂性

物流成本由很多要素构成,不仅包括销售费用、管理费用,还包括人工费、固定资产折旧费、维修费等。这就造成企业的物流部门很难完全掌握物流成本的全部科目,对物流成本的计算也会出现误差。

(三)不明确性

不明确性是指企业在计算物流成本时,对那些由于过量服务而造成的成本往往不能明确的找对属性、进行登记,比如说,由于促销产生的费用,很多企业会将它计入物流成本,而实际上,这是销售成本的主要内容之一。

(四)弱可比性

目前,各企业都根据自己的理解和认知对物流成本进行计算,各企业之间没有形成完整的计算标准,这就使得各企业计算的物流成本的数据缺乏可比性,导致对企业的物流绩效进行衡量变得十分困难,也不利于物流成本管理的改善。

(五)悖反性

电子商务物流成本的悖反性是指物流成本的各项目之间存在着此消彼长的现象,一个项目的升高就会造成其他项目的降低,比如说,企业降低商品的包装费用,商品的损耗费用就会因此增加。因此,企业在进行物流成本管理的时候,要从总成本的角度进行全盘考虑。

(六)综合性

物流成本的计算要考虑到物流活动的全部流程,涉及商品的生产销售中采购、生产、销售等多个流程,因此物流成本具有综合性。物流成本是企业中唯一的、基本的、共同的管理数据,因此,企业所有的部门需要共同对物流活动进行协调,保证物流成本的最小化。

第四节 电子商务物流成本管理的思路、方法和优化管理对策

一、电子商务物流成本管理的思路

电子商务物流成本的管理可以从以下六个基本思路出发进行考虑。

（一）从供应链的角度考虑

从供应链的角度分析,对物流成本进行控制需要整条供应链上的各个企业通过互相合作,对供应链的运作模式进行优化,从而达到实现供应链上各企业物流成本的目标。

（二）从内部成本角度考虑

从企业的内部成本角度分析进行物流成本的控制,要求企业的财务部门设立专门的物流成本项目,对物流活动每一笔费用进行及时的登记,这是企业物流成本管理的重要步骤;此外,企业需要利用会计的方法对物流成本的产生进行分析,总结出物流成本的发生规律,从而更好地对物流成本进行管理和控制。

（三）从客户服务水平角度考虑

从客户的服务水平角度进行分析来控制物流成本要求企业要通过各种调查和分析,了解客户对物流服务的需求,从而确定物流服务的质量及水平,避免因过度服务而造成的物流成本的增

加。同时,企业需要在确定客户需求的基础上,整合客户服务水平,使物流服务向规模化、专业化发展。

(四)从信息系统角度考虑

从信息系统的角度进行分析来控制物流成本要求企业通过建立信息系统,借助互联网和信息技术的帮助,及时、准确、全面地收集物流活动中的所有信息,以达到提高物流服务效率、降低物流成本的目标。

(五)从标准化建设角度考虑

从标准化建设的角度对物流成本进行管理要求企业建立标准化的物流成本管理体系,其中应该包括对物流技术、作业规范以及物流服务成本的核算进行标准化规定。其中技术规范的标准化有助于提高物流设施以及运输工具的利用效率;物流成本核算的标准化有助于各企业之间形成物流成本核算的具体指标,使各企业之间的物流成本产生可比性。

(六)从利用外部资源考虑

合理、有效利用外部资源能够帮助企业完成部分物流工作的外包,企业将部分物流工作外包给专业的物流公司,通过物流公司的帮助,企业可以获得高质量的专业技术以及规模经济,并且可以促进企业物流资产闲置的减少。同时,在面对突发状况时,有专业物流公司的帮助,企业可以大大提高反应速度。

二、电子商务物流成本管理的方法

电子商务物流成本管理主要包括三种基本方法,分别是物流成本横向管理法、物流成本纵向管理法以及计算机系统管理法。

(一)物流成本横向管理法

物流成本的横向管理就是对物流成本进行预测和编制计划

的过程。物流成本的预测是企业对本年度的企业经营活动可能造成的物流成本进行预测和分析,在充分考虑降低物流成本的潜在因素的基础上,寻求能够使物流成本最低化的方法。物流成本计划的编制则是在物流成本预测的基础上,按时间对企业的物流成本进行规划。物流成本的预测是保证物流成本计划得以顺利运行的基础和保障。

(二)物流成本纵向管理法

物流成本的纵向管理就是对物流活动的整个过程进行管理和优化。物流活动是由多个环节共同组成的,为了达到物流成本最低化的目标,就要对整个物流活动中的所有环节进行管理,保证在每一个环节,物流成本都得到最大的使用率。物流系统是一个庞大且复杂的系统,要对物流系统进行全程的管理需要借助先进的管理方式和手段。具体来说,采用物流成本纵向管理法,保证物流系统合理、高效运行的主要手段和措施包括以下四种。

1. 运用线性及非线性规则

运用线性规则及非线性规则对物流成本进行管理主要就是通过编制最优运输计划来实现运输过程的优化。在物流运输过程中,往往企业会遇到很多问题,包括商品的生产厂家数量、商品供应给客户的数量、运费优化等。运用线性规则就可以对已经确定生产成本和单位运输成本及运输距离的物流的运输问题进行解决;运用非线性规则则可以解决当工厂生产量发生变化、生产费用呈现非线性趋势时的物流问题。

2. 运用系统分析技术

运用系统分析技术,可以帮助企业选择货物运输的最佳数量配比以及最优路线,以实现物资配送的优化。货物配送线路是否合理会直接影响到货物的配送速度和配送费用,从而导致物流成本的差异。目前,最成熟的优化配送线路的方法是节约法,又称为节约里程法。

3. 运用存储论原理

运用存储论的原理对库存量进行合理科学的管理和优化,有助于实现物资存储的最优化。存储在物流系统中是一个重要的步骤,从生产到销售再到客户手中,每一个环节的商品都会发生存储问题,因此,在每个阶段,库存量的多少、库存补给的时间和间隔都成为影响物流成本的重要因素,运用存储论原理可以有效解决这些问题,其中比较有名的方法是经济订购批量模型,即EOQ模型。

4. 运用模拟技术

运用模拟技术可以对整个物流系统进行分析,以实现整个物流系统的最优化。运用模拟技术可以控制和管理的对象主要包括物流服务质量、物流费用以及物流的信息反馈。在模拟过程中通过逐次逼近的方法来逐步获得最接近实际数据的影响物流成本的因素和变量,这些因素主要包括流通中心的数目、对客户的服务水平、流通中心收发货时间的长短、库存分布等。

(三)计算机系统管理法

计算机系统管理法就是将物流成本的横向管理法和纵向管理法连接成一个系统,在这个不断优化的系统内进行循环、反复的计算和评价,使物流成本不断优化,最终达到总成本最低的目的。

三、电子商务企业不同环节物流成本的控制

(一)零售业进货成本的降低

零售业是电子商务系统之中的重要企业主体。随着电子商

务模式在社会环境之中的推广,零售业发生了巨大的变革,传统的零售业态逐渐萎缩,而一些新型的零售业不断取代传统零售业成为零售业的主导和先驱,低价位、大众化的网店得到了突飞猛进的发展,例如京东、当当、苏宁等。这些电商能够实现如此巨大的进步虽与互联网的普及不无关系,但是他们的成本控制方法却着实也是其成功的一大臂助。

电商通过数据统计从制造商大规模、统一进货,提高退货标准,因而进货单价非常低廉。对于这类零售企业来讲,最为重要的是购入的商品能全部销售完,因此,零售企业必须建立各店铺销售人员负责、保证商品全部售完的有效机制。这种机制的具体实施是通过信息系统实行单品管理,从而做到能及时、正确把握商品在库残留量的情报。

（二）生产商物流成本的合理化控制

成本一直以来都是生产商企业经营的一个重点。在产品制造过程中,生产商通过采用更为优化的物流方法则成为控制成本的一个重要方向。一般来说,物流成本的控制包括从原材料购进到货物最终运输等多个环节,时间比较长。这其中比较典型的就是钢铁行业。钢铁行业企业从原材料购进到各种类型钢材的出产包含有多个环节,因此也有较大的成本控制空间。

从生产成本的管理手段上来讲,主要是从 CIM（Computer Integrated Manufacture,计算机整合制造）开始,运用 VA（Value Analysis,价值分析）和 IE（Industry Engineering,工业工程）等方法进行控制。

（三）运输业者提高产品配送的效率化

生产商在工厂内生产出产品以后,在产品到达最终用户之前,需要经过许多的流通环节,因此削减在流动过程中所发生的费用是十分必要的。以下具体介绍其中几种重要的运输业控制物流成本的办法。

1. 各运输业者协力降低成本

在所有配送费用中,尽管有发生在物流中心内的装卸、产品配送调度等各种费用,但所占比率最高的是运送费,通常运送费占所有配送费用的 50% 以上。因此,在削减配送费用的过程中,最为重要的是严格控制对运送业者支付的运费。最近,运输业中运输过频以及高速公路费用上涨等都是成本上升的直接原因。在这种状况下,运输业仍然在通过提高货物积载率努力降低成本。但是,在削减运输费用方面,仅仅依靠本企业的努力仍然是十分有限的,各运输业者需要相互协调,进行各种尝试。

2. 运输业间的共同配送

最近,作为降低配送成本的方法之一,运输业者之间开展了货物的共同配送。通过运输业者之间的共同配送可以提高货物装载率,进而削减由于运输过频或装载率较低产生的物流费用。例如,在日本,运输业者已经在东京和大阪等干线道路实行了共同配送。运输业者间实行共同配送的一个最大优点是打破了单一企业物流系统最优化的模式,进而追求产业的最优化和整体成本的最小化。但是,应当注意的是运输业间开展共同配送,首要的条件是各运输业者要统一运输工具,另外,由于运输业者仍然存在独立的企业运输服务,因此存在一些必须逾越的障碍。

3. 向货主建议通过共同配送削减运费

货主间的共同配送也是削减物流成本的有效方式之一,当然,这种配送方式既有同产业内的共同配送,也有不同产业间的共同配送。运输业者在向货主提议时,必须注意到货主企业间对相互的物流状况缺乏了解,也难以充分明了共同配送所产生的利益,所以运输业者必须与货主企业进行充分沟通,并详细分析、揭示共同配送所产生的利益。

4. 接受货主企业的全权委托

通常,货主和运输者之间的关系仅仅是一种简单运输的委托与代理的关系。一些企业通过数据统计和企业关系管理与运营,逐渐提高了自己运输经营的管理能力,通过降低自己的报价,能够帮助货主企业降低一部分的物流成本,运输业者全面承接来自于物流企业的各种类型的委托,则能够通过自身的经营能力帮助全行业的企业降低物流成本。在运输业者的营运能力提高以后,运输业者则可以通过投资进一步降低物流成本。例如,运输业者可以构建大型的物流信息平台和物流中心,对需要运输的货物通过物流信息平台进行沟通,在物流中心进行重新组合,加强集约化程度,从而逐级降低物流运输成本。这种物流成本控制思想的本质是集约化建设,一方面能够保证运输业者所获得的实际收益,另一方面则能够降低货主的运输成本。

四、电子商务物流成本管理的优化对策

物流成本是反映物流作业真实情况的重要依据,通过对物流成本进行计算和分析,可以进一步对企业的经济效益进行研究,从而找出企业在物流中出现的问题并加以解决。由于物流系统中的各个环节之间存在着互相影响且交替损益的关系,因此不能将某一环节的物流成本作为整个总成本的预测基础,物流总成本才是衡量整个物流作业经济效益的统一尺度。因此,对电子商务物流成本进行管理的优化对策要针对物流总成本展开,大体上,优化对策可以分为两大重要的策略,一是物流成本控制策略,二是压缩物流成本策略。

（一）物流成本控制策略

物流成本控制策略是指对物流过程中的各个环节的成本进行有计划的管理和控制。物流成本控制策略主要包括两种具体

措施。

1. 绝对成本控制

绝对成本控制的方法是指将物流成本控制在一个绝对金额之内。绝对成本控制方法的基础是对整个物流过程的所有环节的物流成本进行统计和记录。绝对成本控制方法的目标是实现成本支出的节约,杜绝浪费现象的发生。

绝对成本控制的两个基本方法是标准成本和预算控制。标准成本是指在一定的假设条件下,对物流过程中应该产生的成本进行研究。

2. 相对成本控制

相对成本控制是指通过与产值、利润、服务水平等指标进行对比,分析物流成本与这些因素之间的关系,从而找出在一定制约因素下最经济科学的控制物流成本的方法。

相对成本控制方法不仅注重物流成本的减少和控制,而且注重与物流成本密切相关的众多因素的分析和研究,这样做的目的是为了提高控制成本支出的效益,从而降低企业支出、提高企业经济效益。

(二)压缩物流成本策略

压缩物流成本策略的方式就是在考虑物流以及与物流相关的因素之外,同时也要提出使物流合理化的方法。这样的方法主要包括以改变客户服务水平为目标的物流合理化以及在规定服务水平的前提下,改进物流活动效率的合理化两种。

从降低物流成本的效果来看,改变客户服务水平为目标的物流合理化的方法取得的效果更加明显,然而采用这种方法会带来物流服务水平的改变,因此,在实际操作中,大多数企业会选择由第二种方法入手逐渐转化为第一种方法的做法。

1. 压缩物流成本策略的操作方法

在实际操作过程中,压缩物流成本策略的操作方法按照物流成本具体项目的不同也会存在差异。

(1)运输成本

降低物流成本中运输成本的方法主要包括减少货物的运输次数、提高货运车辆的装载效率、设置最低接受订货量、优化运输手段、通过分离商流和物流的方式缩短物流途径等。

(2)保管费

降低物流成本中保管费的做法主要包括对库存物资进行严格管理、保持库存量的合理化、提高库存货物的保管效率等。

(3)包装成本

降低物流成本中包装成本的主要措施包括采用价格低廉的包装材料、进行简易包装、促进货物包装机械化等。

(4)装卸成本

减少装卸成本的具体操作方法包括减少装卸次数、促进装卸机械化、引进集装箱和托盘等装卸设施等。

2. 完善物流途径

从降低物流成本的角度分析,完善物流途径,使之简短化对减少运输费用和货物的装卸费以及保管费具有重要意义。

实行物流途径简短化的重要手段是促进商流和物流之间的分离,通过将货物的商流和物流分离来实现物流途径的简易化,将复杂的上流途径通过同一个途径从物流途径中分离,从而产生一个合理统一的物流途径。

完善物流途径不仅能缩短运输距离,降低运输费用,而且有利于物流业务的统一管理,可以通过将各个分店经营的物流业务集中到配送中心进行处理,配送中心就可以对这些物流业务进行统一管理。

3. 扩大运输量

扩大运输量的目的是通过增加每次运输的数量,减少单位运输的费用,从而避免在运输过程中出现设备消耗和成本浪费的现象。

扩大货物的运输量可以通过以下几种方式解决:增加接受订货的最低数量、减少运输次数、与其他企业共同运输等。这三种方式都牵涉到物流服务的质量和水平,因此不能在企业的物流部门单独进行,因为提高接受订货的最低量就意味着客户每次订货时需要增加数量,这需要获得客户的同意,同样,减少货物的运输次数就意味着会延长货物的送达时间,这也需要获得客户的允许。同时,由于这些方法会改变客户收到货物的成果,因此会影响到销售活动,所以,在进行这些操作措施的过程中,首先要获得销售部门的同意,并且要预先估测物流成本的减少量对销售可能造成的影响,避免出现因过度强调物流成本的控制而造成销售成绩大幅下滑的反效果。

4. 合理的库存

库存具有调节生产和销售的功能,因此,保持合理的库存量对于企业的经营来说也是非常重要的一个环节。从降低物流成本的角度考虑,库存量越少越好,但是如果库存量过少,在突然出现订货量增加等情况时,企业就会因为缺货而损失客户。因此,保持合理的库存量是一个很难掌握分寸的环节。

保持合理的库存量首先要对应相应时期的客户需求量,客户需求量的多少就是这个时期库存量的最小值,也就是在这个时期合理的库存量,因此,库存管理的核心任务就是维持好这个数量,并且根据订单和订货日期的改变不断更新合理的库存量。

第五章 电子商务物流信息技术分析

21世纪,人类社会已经进入了网络经济和电子商务时代,我国经济和社会的发展也应该顺应潮流,大力发展以现代物流和电子商务为代表的现代物流信息流通体系,建立起完善的发展电子商务物流信息交流平台。本章从电子商务物流信息的重要意义、电子商务物流信息管理和交流系统的管理和构建等方面,对电子商务物流信息管理这一课题做出了较为详细的论述。

第一节 电子商务物流管理信息技术概述

一、物流信息的内涵、特点与重要性

(一)物流信息的内涵

物流信息的内容可以从狭义和广义两方面来考察。

狭义上来说,物流信息是指与物流活动有关的信息,比如运输信息、仓储信息、保管信息、装卸信息、流通加工信息、配送信息等。企业对于这些信息的决策和管理对企业产品的流通具有重要的意义,比如运输工具的选择、运输线路的确定、货物的跟踪、仓库的利用、订单的管理、顾客服务水平的提高等。从中我们也可以看出,物流信息对运输、库存、订单、仓库以及货物配送等流通环节的管理具有重要的作用。

广义上来说,物流信息不仅指与物流活动有关的信息,而且

包含与物流相关的其他企业活动信息,比如商品交易信息、市场竞争信息、流通政策信息、企业生产信息、财务核算信息等。从广义上看,物流信息的涵盖范围和涉及的环节更多更复杂,它贯穿了从市场信息收集、企业生产决策、资金流动调配、货物运输配送到产品最终消费的整个过程,可以说物流信息是推动整个产品供应链条运作的一个重要依据。

(二)物流信息的特点

1. 物流信息时间性强,更新快

企业物流信息的动态性特别强,并且更新的速度也很快,这就意味着如果企业不能及时对这些信息进行加工、分析和整理,那么其利用价值的衰减会很快。根据企业物流信息的这一特性,如果企业要对这些信息进行有效利用,那么企业必须建立完善的物流信息管理系统和交流平台。有了这些措施的保障,物流信息收集、加工、处理的及时性会得到最大程度的保障。

2. 物流信息来源多样化

企业的物流活动产生的物流信息不仅包括企业生产信息、库存信息等企业内部的物流信息,还包括了企业与企业之间的交流合作、竞争对手市场信息等企业外部信息。从物流管理的角度来说,企业的竞争优势主要体现在各供应链与企业之间合作时的协调与配合程度上。一般来说,企业各供应链的协调合作的手段之一是通过现代化的信息设备与技术将彼此拥有的有价值的信息进行交换和共享,比如 EDI 系统。另外,这种物流活动还经常涉及对道路、港湾、机床等基础设施利用和管理,因此为了高效率地完成物流活动,企业也必须在这些与基础设施有关的信息收集与整理上做好必要的工作,如国际物流运输过程中的港湾作业。

3. 物流信息涉及方面广,信息量大

企业产品和资金的流动都会产生企业物流,其包含环节之

多、涉及范围之广是各种企业管理活动之最,因此物流信息源的分布极为零散,信息数量极为巨大。如果企业在这个复杂的经营领域内,没有实现管理的统一化或标准化,那么这些信息量巨大、信息种类丰富的重要决策资源就会因为应用和调度上的不统一而失去作用。

企业的物流信息随着企业的物流活动而大量产生,多品种少量生产和多频度小量配送等现代化生产和经营特点使得企业库存、运输等物流活动产生的信息更加复杂。一般来说,企业产品的代理商或销售商会广泛应用 POS 系统读取销售点的商品品种、价格、数量等即时销售信息,并对这些销售信息加工整理,通过 EDI 系统向相关企业传送。这种现代化的信息收集、分析和分享手段可以有效解决企业信息管理中的弊端,将信息的战略资源功能作用发挥出来。

(三)物流信息的重要性

1. 信息是物流的重要功能

信息对物流生来就具有极为重要的影响,因为物流的经营和运作都是建立在信息的基础之上的。毫不夸张地说,如果没有足够信息渠道和信息来源,那么任何企业的物流活动都不可能完成,尤其是在社会生产和生活高度信息化的时代。信息之于物流的重要作用主要体现在以下三个方面。

(1)保证运输效率和安全

在物流运输过程中,各种现代化的电子信息设备我们已经屡见不鲜,比如安装了 GPS 的运输车辆、配备无线通信设备的快递人员等。这些现代化信息技术的应用,不仅为我们实时了解商品运输和配送情况提供了便利,也为企业提供了改进交通运输线路、提高企业物流管理效率的决策依据。另外,运输设备上的各种电子设备能够帮助运输管理人员即时了解运输车辆状态、预定线路路况以及气象信息等重要运输决策信息。

（2）降低仓储成本，提高仓储效率

我们知道货物的存储是企业物流管理的一个重点，这是因为仓储成本是企业物流活动产生的主要经营成本之一，因此无论是企业内部物流管理还是专业化程度极高的第三方物流企业，都极为重视物流存储管理。信息技术的发展为提高商品出入库速度，提高仓储管理效率提供了极为便利的条件，尤其是条形码信息技术的出现和应用，大幅度提升了商品出入库、货物保管以及商品统计查寻等基础库存管理工作的效率。

（3）保证用户服务效率

在商品的货物配送环节中，运用条形码、射频码等技术可以迅速获得配送物品的信息，保证物流配送系统能够最大效率地对货物的配送活动做出安排。电子数据信息技术在商品装卸环节中的应用使商品实现了自动化装卸搬运、模块化单元包装、机械化分类分拣和电子化显示作业，极大地提高了企业物流供应链的运作效率。

2. 信息有助于提升物流系统的整体效益

电子信息系统的数据收集、分析以及管理具有传统手段不可比拟的巨大优势，依靠便捷、高效地信息处理能力，信息管理系统被广泛地运用于由商品和货物的运输、保管、装卸、搬运、包装以及配送等各个流通环节，实现了整个物流体系的信息共享，为提高物流管理和运作效率提供了可靠的保障，为提升物流系统的整体效益打下了坚实的基础。

3. 信息有助于提升物流、商流、资金流的整体效益

互联网技术的发展和计算机的普及使得 Internet 成了物流信息管理的一种新手段。在互联网的支持和协助下，企业可以高效地对信息收集系统、管理信息系统、信息分析系统、信息决策系统以及信息发布系统进行高效率地运作，这些信息的收集和整合使生产企业、中间商、零售企业等物流供应链中的各个环节有机

地联系起来,保证企业做出的管理决策能够在整个物流管理系统中都无阻碍的得到执行,避免因为决策执行困难造成的时间和资金的浪费,提高企业物流管理的经济和社会效益。

二、物流信息化的内涵与重要性

(一)物流信息化的内涵

当代物流产业的一个基本发展趋势就是信息化。物流信息化是指物流企业以信息化的管理设备和管理手段对企业的流程和工作方式进行改造或重组。企业物流信息化可以有效地保证企业收集、分析和管理来自各个环节的管理信息,增强企业物流管理决策的科学性,提高企业物流管理的效率。

就目前物流业的发展状况而言,物流企业信息化的程度已经成了衡量其企业实力的一个重要标志,同时也是保持其强大竞争力的主要动力。以信息技术为基础,以计算机等现代化电子信息设备为实现手段的现代物流企业信息管理系统,几乎将其"触手"延伸到了企业物流的每一个角落,其强大的信息处理能力使得企业物流管理控制和集成所有的信息成了现实。需要注意的是,有几台计算机,开发几个信息系统,买几台物流设备,不能称其为物流信息化。

(二)物流信息化的主要内容

1. 物流管理信息化

物流管理工作是一项复杂的企业工作,是一个系统化的复杂工程,其主要功能包括生产组织、调度指挥、组织协调、管理控制等。物流管理信息化是管理手段和管理方式的一次革命性转变,具有很多传统管理手段所不具备的优点,我们主要可以概括为以下几点。

（1）提供管理效率

信息管理系统可以通过高效地信息收集和反馈实现对企业物流管理效率地提升，彻底改变传统管理"慢""拖""乱"的管理局面，同时运用现代化的信息管理技术提高企业的物流管理效率。

（2）增强物流管理的科学性

通过建立物流管理信息系统，使物流计划制定更加科学合理，更加切合实际，并具有前瞻性，能够帮助企业在复杂的市场竞争环境中最大限度地规避风险。

（3）优化组织职能

组织职能也将大大优化，更有效率。这是因为在物流信息化的管理模式下，企业可以改变传统的单向指挥（由上而下），从而建立起一种互动式管理体系（既包含自上而下，又包含自下而上），这样企业的指挥和调度能够得到及时反馈，使整个组织管理体系的职能运作方式得到优化。

2. 物流过程信息化

物流过程的信息化也是当前物流企业信息化建设的一个重要内容，实现物流过程信息的基本要求是建立科学高效地现代化物流信息管理系统，形成以物流市场为基础，以物流管理信息为手段的现代化信息管理和决策体系，使每一个管理环节和管理项目都纳入信息管理体系之中。

3. 加强企业信息网络及网站建设

现代物流企业物流信息化的实现必须依赖网络才能实现，因此企业对物流信息化的改造和管理必须要建起能够适应企业管理需求的内部网络系统和企业网站，实现企业信息的内部共享与外部联通。企业网络和网站的建设要有的放矢，抓住企业最薄弱的信息管理环节和最需要的网站内容，合理对其进行规划与设计。

4. 重视信息管理机构的建立和人才培养

企业如果想要实现物流信息化,就需要借助很多现代化的信息技术与电子信息设备,而这些前沿的技术和操作能力并不是每个人都能掌握的,因此企业在实现物流信息化的过程当中,也要不遗余力地推进企业人才队伍的建设与管理。在这个过程中,企业除了要做好信息管理硬件设备的引进和维护问题,同时也要改善企业的软实力,提高企业对高、精、尖人才的吸引力,为企业打造一支高素质的物流信息管理员工队伍。

5. 现代物流信息技术的广泛应用

现代物流信息技术的应用是物流信息化的基本内容,也是物流信息化的技术基础,如果物流信息技术发展不成熟,对其应用也没有达到一定的普及化标准,那么我们也不能称其为物流信息化。现代物流信息技术是以计算机技术为基础的,另外信息处理技术、通信技术、Internet 技术、条码(二维码)技术、电子数据交换技术、无线射频技术、地理信息系统、GPS 系统、计算机快速反应技术、电子自动订货系统等也是物流信息化不可或缺的重要技术支持。

计算机是现代科学技术的集中体现,大型计算的广泛应用,个人 PC 的快速普及,为物流信息化提供了最基本的实现条件。这是因为在目前阶段绝大部分的企业信息都是以电子信息的形式出现,并且需要借助计算机对这些信息进行分析和处理才能进行运用。21 世纪被称为信息化世纪,一个没有计算机设备辅助的企业是难以正常运行的,因为如果缺少了计算机,企业将不能与社会交流信息,企业将处于一个接近封闭的状态,信息交流的受阻会使企业逐步丧失对市场的把握能力,导致错过很多发展机会,甚至会使企业陷入困境逐步走向灭亡。一般来说企业的计算机技术的应用主要包括硬件建设和软件开发运用两个方面。硬件建设主要是指企业购买计算机硬件;软件开发与运用主要是指企业进行软件开发和购置。

(三)物流信息化对企业的重要影响

1. 物流信息化有利于物流企业经营规模的扩张

在发展过程中,物流企业必然会经历这样一个过程,随着企业市场表的逐步稳定,企业经营和发展空间的扩大,企业往往会对经营规模进行扩张,但物流企业的扩张不同于普通企业的扩张,因为物流企业扩张的重点不单纯是生产能力的改造,而是将重点集中于商品渠道的拓展,而这些经营领域的扩张带来的是组织成本、管理费用的急速增加,组织管理控制能力的下降以及经营风险的增加,因此,物流企业只有通过信息化、数字化、网络化才能缩短由于经营规模扩张所带来的空间距离,降低组织成本和管理费用,从而形成竞争优势,提高市场竞争实力。

2. 物流信息化为物流企业赢得了时间竞争优势

物流信息技术的强大功能不仅可以在物流企业内加速物流信息的处理、存储、传递、使用和反馈,大大提高物流作业效率,而且可以整合企业间的不同信息系统,使物流供应链成员之间沟通信息更为方便、快捷,缩短了时间上的距离,为物流企业建立了一个有效的快速反应系统,从而赢得时间上的竞争优势。

3. 物流信息化拓宽了物流企业的生存发展空间

由于物流信息技术在物流领域的广泛应用,使物流市场和物流企业逐步实现信息化、数字化、网络化,有效合理地配置使用各种资源,方便物流企业进入其他地区、其他行业或其他企业的市场,甚至冲出国门、走向全球,从而大大拓宽了物流企业的生存发展空间,有利于物流企业适应经济全球化的发展需要。

4. 物流信息化为物流企业走向世界提供了有利条件

物流企业要冲出国门,实现国际化经营,就必须以物流信息化作为信息交流平台。在国际物流条件下,企业的经营管理的理念是准时管理、精益化管理和柔性化管理。而所有这些管理,不仅需要现代技术的支持,而且还需要有一个信息化支撑平台,如准时管理,就需要资金流、物流、信息流合而为一,需要有能支持多功能集成的网络与物流信息化平台。现代物流是当代计算机技术与物流信息技术的运用,是先进物流思想的真实体现。

三、电子商务物流信息技术及应用

电子商务物流离不开信息技术的支持,信息技术是电子商务物流的基础,近年来信息技术的成熟以及应用成本的下降促进了物流业信息技术应用水平的发展,提高了物流业的效率和竞争力,改变了传统物流业的发展方向。

(一)射频技术

1. 无线射频的概念

射频技术 RF(Radio Frequency)的基本原理是电磁理论,也就是利用无线电波对记录媒体进行读写。射频系统最大的优点是不受到现实的约束与局限,另外其识别距离也比光学系统远。还有一类射频识别卡,它们具有读写能力,可携带大量数据,具有难以伪造和有智能等特点。

2. 射频识别系统的组成

在实际使用中,射频识别系统会根据目的和环境的不同,形成不同的组合。但是从其基本工作原理来看,射频识别系统通常是由四部分组成的,包括信号发射机、信号接收机、编程器和天线。

(1)信号发射机

信号发射机是射频识别系统中一项重要的组成部分,根据该系统使用目的和环境的不同,其具体的存在方式也会有所不同,最具代表性的存在方式就是标签(TAG)。所谓的标签,实际上指的就是带有线圈、天线、存储器与控制系统的低电集成电路。对于标签来说,其也是一种符号标识,与条形码技术中的条形码符号功能类似,其主要作用是对传输的信息进行识别。此外,标签也具有与条形码不同的地方,例如,标签可以自动或是在外力的作用下主动将存储的信息发射出去。

(2)信号接收机

在信号发射之后,还需要信号接收机来对发射的信号进行收集。通常,这种信号接收机又被人们称为是阅读器。每种阅读机的复杂程度都是不同的,通常会根据其所支持的标签类型不同,或是所完成的功能的不同而有所区别。在信息传输的过程中,阅读器所充当的最为基本的功能就是,成为标签数据传输的途径。除此之外,阅读器还提供相当复杂的信号状态控制、奇偶错误校验与更正功能等。

(3)编程器

编程器是向标签写入数据的装置。在信息传输的过程中,并不是所有的信息都需要编程器,而是那些可读可写标签系统才需要。在通常情况下,编程器写入数据都是通过离线完成的,也就是说,数据需要提前被写入标签中,然后在实际使用时直接将标签粘贴在被标识的项目上。还有一些特殊的应用系统,如 RFID 等,其数据是通过在线完成的,尤其是在生产环境中作为交互式便携数据文件来处理时使用。

(4)天线

天线是标签与阅读器之间传输数据的发射、接收装置。在实际应用中,数据的发射和接收会受到多种因素的影响,包括系统功率,甚至是天线的形状和相对位置,因此在对天线进行设计的过程中,必须聘请专业人员来进行操作,保证射频技术的顺利使用。

(二)条形码技术(自动识别技术)

物流管理中最基本也最烦琐的工作就是原始数据的采集,在没有应用信息技术之前,这项工作都是由人工完成的,甚至包括更复杂的处理数据工作也由人工完成,这样做不但速度慢、成本高,而且存在比较高的差错率,这与数据分析和处理对原始数据的要求有很大的差距。因此,信息的采集作为物流信息系统现代化管理的基本内容,应该得到大家的重视。

1. 条形码技术

条形码是最常用的自动识别技术,它将数据编码成可以用光学方式阅读的符号,辅以相应的印刷技术生成特定的机读的符号,扫描器和解码器可以采集符号的图像被转换成计算机处理的数据并进行校验。

条形码是由一组规则排列的条、空格以及相应的字符组成的图形标识符,用以表示一定的信息。条形码隐含着数字信息、标识信息、符号信息等,主要用于表示商品的编号、名称、产地、价格、种类等,是全球通用的商品代码的表述方式。利用黑、白、宽、窄扫描光线产生不同的反射接收效果,在光电转换设备上转换成不同的电脉冲,形成可以传输的电子信息。由于光的速度极快,所以能准确无误地对运动中的条形码予以识别。

条形码技术是在计算机的应用实践中产生和发展起来的一种自动识别技术,提供了快速、精确、低成本的数据采集方法,是实现各行业自动化管理的必要条件,也是实现现代物流系统管理中重要的技术保障。

2. 自动识别技术

自动识别系统与传统的人工录入方式有很大的不同,它不需要使用键盘将数据输入计算机系统、编辑控制器以及其他微处理器中,而是通过一系列的操作后,系统自动将数据输入到制定的数据处理工具之中。自动识别可以使用条形码、射频标识与射频数据通信、磁条、语言、视觉系统、光学字符识别、生物识别等进行信息录入。就目前而言,在销售信息系统(POS 系统)、库存系统、分货拣货系统等现代物流活动管理系统中最早使用的、应用范围最广的、最值得人们信赖的就是条形码技术。

(三)EDI 技术

1. EDI 技术的概念

电子数据交换(Electronic Data Interchange,EDI)发展于 20 世纪 70 年代,是将现代计算技术和通信技术融合为一体的信息交换技术。在经过 40 多年的发展以后,EDI 技术已经发展成为电子化贸易的重要工具或者方式,广泛应用于各类商业贸易之中,是一套标准规范的贸易信息交流网络。对于当今国际贸易来说,这是一种具有战略意义的信息交换方式。

要准确理解电子数据交换的概念我们应该从以下几个方面入手。

(1)EDI 的使用主体是进行商品交易的双方,是企业与企业之间的一种数据交换,而非组织内的文件传递。

(2)交易双方所传递的文件是符合报文标准的,且有特定的格式。当前,普遍采用联合国的 UN/EDIFACT 作为报文标准。

(3)交易双方都拥有自己的计算机管理信息系统。

(4)交易双方的计算机系统都能够对符合约定标准的交易电文数据信息进行发送、接受和处理等流程。

(5)交易双方的计算机上都安装有网络通信系统,然后据此进行信息传输。需要注意的是,对于传输信息的处理都是由计算机自动进行的,不需要人为的介入和干预。

2. EDI 在物流系统中的应用

EDI 是一种应用电子技术,其将所要传播的信息通过一种特殊的方式进行加密和解密,在传输的过程中也采用特殊的标准或形式。一般来说,企业贸易所需要往来的单证都在 EDI 传输的范围内。

对于物流信息系统来说,EDI 是一种重要工具。在电子商务活动中,物流信息是由物流运输单位、卖家、客户之间的沟通需要产生的。在这一系统中,电子商务企业和物流企业都需要对物流信息制定或者修改物流计划,EDI 则正好可以满足企业的这方面要求。利用 EDI 技术传输的信息,企业不仅可以及时获得信息,提高服务的质量,提高工作效率,降低成本费用,同时还有利于减少订货周期中的不确定性,缩短事务周期,提高企业的市场竞争力等。

(四)EOS 与 POS 技术

1. 电子订货系统(EOS)

EOS 即电子自动订货系统(Electronic Ordering System),指企业利用互联网终端设备通过在线的方式进行订货与采购的系统。

EOS 是一种先进的电子商务物流技术,包含了很多先进的管理手段,在企业物流管理中占有十分重要的地位。其他的订货方式往往需要通过大量单据的来往才能形成一项业务,对企业来说往往需要耗费很多时间和精力。利用 EOS 系统,企业可以缩短从接订单到订货的时间,以提高企业运行的效率,达到节约企业成本的目的。

对于电子商务企业来说,EOS 这种订货系统能够最大限度地降低企业的库存总量,使物流的各个环节之间的信息沟通更加有效率,从而丰富物流系统所需的各类信息。

以零售商向批发商的订货为例,EOS 系统的基本流程大致如下。

(1)零售企业通过条形码阅读器将需要采购的商品输入计算机系统中,通过网络上传给批发商。

(2)批发商接收到来自于零售商的订货信息,开出拣货单,实施派货活动。

（3）物流企业根据送货单将所需货物从批发商向零售商运送，送货单便是批发商的应收账款资料。

（4）零售商对所收货物验收，通过网络按照约定向订货商打款，完成订货活动。

EOS 系统还有其他许多利用方式，在电子商务系统中，零售商便是顾客，批发商便是电子商务企业。

2. 销售时点系统（POS）

POS 即销售时点信息系统（Point of Sale），通过一些自动读取信息的终端设备读取销售商品的各类信息，通过网络上传给有关部门进行加工和处理的系统。

POS 系统能够对商品进行单品管理、员工管理和客户管理，并能适时自动取得销售时点信息和信息集中管理，紧密地连接着供应链，是物流信息系统管理的站点。

（1）POS 系统的基本内容

POS 系统包括前段 POS 系统和后端 MIS 系统两大基本组成部分。

前段 POS 系统是指 POS 系统的信息采集和读取系统，是为商品交易服务的，通过网络连接至后端 MIS 系统。

后端 MIS 系统（Management Information System），主要负责企业各个方面信息的管理，包括库存管理、财务管理、考勤管理等。在前段 POS 系统收集的信息传输回来以后，对其计算、分析和汇总，为企业的经营决策做出有利的依据。

（2）POS 系统的应用

POS 系统把现金收款机作为终端机与计算机连接，并通过光电识读设备为计算机录入商品信息。当商品通过结算台扫描时，商品条形码所显示的信息被录入到计算机，计算机从数据库文件中查询到该商品的名称、价格、包装、代码等，经过数据处理后，打印出数据。零售商店主机的条形码数据和商品价格每天或定期更新并下载至店面微机。

(五)GPS/GIS 技术

1. 全球定位系统(GPS)

GPS 是 Global Positioning System 的简称,中文为"全球定位系统"。GPS 结合了卫星及无线技术的导航系统,能够实现全球覆盖,可以全天候进行使用,并且具有很高的精确度,可以随时对全球范围内的海洋、陆地、空中的目标提供持续实时的三维定位、三维速度及精确时间信息。

(1)GPS 系统组成

全球定位系统主要是由三部分组成的,包括空间部分、地面监控部分和客户接收机,是美国第二代卫星导航系统。

对于地面监控来说,其主要是由一个主控站、三个注入站和五个监控站共同组成的。注入站的主要作用是负责向卫星传输数据。在监控站中,设有 GPS 客户接收机、原子钟、传感器和计算机等,其中传感器的主要作用是对当地的气象数据进行收集,而计算机的主要作用是对收集到的数据进行初步的分析和处理。监控站的主要作用是,获取卫星观测数据,然后将其传送到主控站。主控站可以对地面监控部进行全面的控制,通常情况下,主控站都会设在范登堡空军基地。对于主控站来说,其主要作用是对各监控站对 GPS 卫星的全部观测数据进行收集,然后通过这些数据对每颗 GPS 卫星的轨道和卫星钟改正值进行计算。

(2)利用 GPS 技术实现货物跟踪管理

货物跟踪是指物流运输企业利用现代信息技术及时获取有关货物运输状态的信息,如货物品种、数量、货物在途情况、交货期间、发货地和到达地、货物的货柜、送货责任车辆和人员等。这些信息对企业的运输管理决策具有很高的参考价值,可以为提高企业的运输效率提供可靠的保障。在运输过程之中,企业通过条形码扫描将运输货物的基本信息输入到计算机之中,然后再通过互联网将这些信息归档到企业总部的数据库之中,这样企业可以实现对每一件出库货物的跟踪,并且可以随时对这些货物进行位置和运输状态的查询。

(3)GPS 的物流功能

第一,实时监控。实时监控是指通过该系统我们可以在任意时刻对载有货物的运输工具进行位置查询。

第二,双向通信。双向通讯是指 GPS 的使用者,可以通过 GPS 的终端设备实现与载有该系统的运输工具进行交流。

第三,数据存储及分析。数据存储和分析是指载有该系统的运输工具可以通过该系统对自己的运输线路进行记录,并帮助运输调度人员安排最合理、最经济的运输线路。

2. 地理信息系统(GIS)

GIS 就是地理信息系统(Geographic Information System),其最初产生在 20 世纪 60 年代,是一项地理学研究新成果,在后来获得了飞速的发展。GIS 系统是多学科集成,其应用范围极为广泛,具有数据采集、输入、编辑、存储、管理、空间分析、查询、输出和显示等多项功能,可以帮助系统用户进行预测、监测、规划管理和决策等提供科学依据。

地理空间是 GIS 系统运行的基础,其是利用地理模型的分析方法,及时提供多种空间、动态的地理信息,以此来为部门、企业或是个人进行经济决策提供依据。在物流领域的实际应用中,通过使用 GIS 系统,有利于实现资源的优化配置,提高经济收益。

在具体的应用领域中,GIS 可以帮助分析解决下列问题。

定位(Location):研究的对象位于何处?周围的环境如何?研究对象相互之间的地理位置关系如何?

条件(Condition):有哪些地方符合某项事物(或业务)发生(或进行)所设定的特定经济地理条件?

趋势(Trends):研究对象或环境从某个时间起发生了什么样的变化?今后演变的趋势是怎样的?

模式(Patterns):研究对象的分布存在哪些空间模式?

模拟(Modeling)：当发生假设条件时，研究对象会发生哪些变化？引起怎样的结果？

对于 GIS 系统来说，其最突出的功能就是可以将收集到的数据，通过地图的方式表现出来，在将各种空间要素和属性组合起来之后，就可以制作出各种不同的信息地图。从原理上来说，专题地图在制作过程中始终都没有超出传统关系数据库的功能范围，但是其着重突出了空间要素和属性信息的组合功能，并且应用范围也大大拓宽了。因此，通过 GIS 系统，可以进行空间查询和空间分析。空间分析极为重要，其是制定规定和决策的重要基础。

(六)智能物流控制技术

智能识别技术是以计算机、光、电、通信技术为基础发展起来的一种集信息采集、识别于一体的高新技术。它通过一定的智能识别装置，可以采集到物体的相关信息，并同时将采集到的信息传递给处理系统进行处理。智能识别技术的运用改变了传统物流靠人工采集识别物流信息的局面，大大提高了物流效率。一般来说，物流中智能识别技术包括条码识别技术、射频识别技术(RFID)、智能卡识别技术、光字符识别技术、生物识别技术，其中当下物流最常用的为射频识别技术，通常情况下，RFID 系统由三部分组成，即标签、阅读器/读写器、天线。

物流系统一般包括入库管理、库存管理、出库管理、运输 4 个环节，RFID 物流系统使用 RFID 标签作为物流系统的依托，所以 RFID 标签在商品生产过程中的嵌入就显得尤为关键，通过把 RFID 标签在生产环节中嵌入作为 RFID 物流系统中非常关键的第一步。在引入 RFID 标签后，物流系统的另外 4 个环节就能够以 RFID 标签为依托紧密衔接。在每个环节中，RFID 系统都会发挥强大的作用，促使这些物品的物流环节更为高效、准确、安全。

人工智能技术是指探索研究机器模拟人类智能的途径，使人类的智能得到延伸的一种技术,其运用于智能物流的主要功能是智能决策。决策本是人类特有的一种高级思维技能,但人工智能技术在物流中的运用使得物流系统自身具有决策功能,如决策支持系统(DSS)提供给决策者需要分析的问题,帮助决策者建立分析模型、模拟决策环境、提供可行的决策方案等,辅助决策者提高决策质量,完成决策工作。除此之外,有些系统甚至可以独立完成决策功能,并且具有相当高的决策能力,如专家系统(ES)以互联网为介质,涵盖了某个领域无数专家的知识经验,可以自主根据相关知识进行推理、判断和匹配,择出最优方案,模拟人类完成高质量决策活动,是人工智能技术成功运用的典范。相比于人工决策,速度快是智能物流系统决策最大的优点,但同时其具有一定的局限性,如应变性差、决策可行性不稳定,有时需要人工辅助决策等。然而,不可否认,人工智能技术决策的高效性足以弥补它的不足,从物流的配送、调度优化、交通路线选择、数据挖掘和预测评估等发面,其高效的决策调度能力让繁杂的物流工作变得容易,这是人工决策无法企及的。相信人工智能技术在未来的物流行业中会得到广泛的运用,帮助智能物流实现新的跨越。

第二节　电子商务物流信息系统管理与运行

随着技术手段的不断提升,电子商务物流信息管理系统也有了新的发展,为了适应越来越大的信息量和越来越快的信息更新速度,如果企业仍然采用传统的手工处理方式对信息进行处理和加工,那么必然会引发一系列的问题,比如信息滞后、信息失真、信息闭塞等,这些情况的出现会极大地降低企业物流管理的效率和企业的盈利能力。为了提高物流系统的整体效率,企业应该建立起基于现代计算机和通信技术的电子商务物流信息管理系统。

一、电子商务物流信息系统的内涵与分类

电子商务物流信息管理系统是由多个子系统组成,各个系统和功能模块相互辅助,共同完成电子商务物流信息的管理。通过相互之间的整合,各个子系统可以合理高效的利用有关的物流信息,保证各个环节相互协调,以实现物流各项职能的圆满化和效率化,并正确而迅速地传递和处理这些信息的信息管理系统。

电子商务物流管理信息系统的类别多种多样,根据不同的标准,可以将其划分为不同的类别。

(一)单机系统和网络系统

按系统是否链接网络,系统可以划分为单机系统和网络系统。单机系统是指物流信息系统仅在一台主机上运行。网络系统是指不同的主机通过网络连接起来,使得各个系统能够实现准确的地理信息传输。显然对于电子商务网站的发展需要来说,单机系统只是过渡,整个网络系统才是发展的方向。

(二)单功能系统和多功能系统

按照物流信息系统所实现的功能来看,电子商务物流信息系统可以划分为单功能系统和多功能系统。单功能系统一般来说主要是为了完成单一的任务,例如,合同管理和物资分配。单功能系统在日益发达的电子商务物流系统中作用日渐减小,慢慢会被淘汰。多功能系统逐渐将单功能系统的作用融合进来,例如管理信息系统。不过随着电子商务系统的发展,多功能系统将会变得越来越复杂,管理电子商务物流大部分任务。

(三)操作型系统和决策型系统

按照系统的功能性质分类,电子商务物流信息系统可以划分为操作型系统和决策型系统。操作型系统的主要功能是帮助人

们进行数据的处理与加工,拥有固定的输入与输出模式。决策型系统则可以根据实际情况的不同改变输入与输出的方式,进行不同种类的数据加工处理,为用户进行决策提供依据。

二、电子商务物流信息系统的功能

物流系统的不同阶段和不同层次之间通过信息流紧密地联系在一起,因而收集、存储、传输、处理物流信息成为物流信息系统的基本功能。

(一)信息收集

任何信息管理系统都是以信息的收集为管理起点的,如果没有有价值的信息,无论这个信息管理系统理论可以具备多么强大的功能,也没有任何实用价值。因此,电子商务物流信息管理系统发挥的第一个功能就是将企业物流信息收集、记录下来,并根据组织的应用需求转化成相应的管理和决策信息,因此我们可以把信息的收集和录入作为整个电子商务物流信息管理系统的基础。由于管理系统对信息真实性和可靠性的要求比较高,因此系统对信息收集和录入的方法和原则也是比较严格的,例如信息收集要注意信息的完善性、准确程度和及时性,等等;信息录入的组织、工作人员以及设备要求严密、精确等。

(二)信息存储

电子商务信息管理系统在完成最初阶段的信息收集之后,要将这些数据储存起来。简单地说,就是发挥"信息仓库"的功能,保证已得到的物流信息能够不丢失、不走样、不外泄,在组织需求的时候可以随时调用。信息存储功能的实现要考虑信息存储量、信息存储空间、信息格式、存储方式、存储时间、安全保密等问题,并结合组织信息存储和分析设备的状况,选择最适合企业的存储方案。信息存储一般包括物理存储和逻辑存储两个方面,物理存储主要考虑的是信息的存储介质或是地点；逻辑存储必须考虑信息的结构和内在联系，其功能是保证组织调用信息的效率性。

(三)信息传输

在进行完信息存储之后，电子商务物流信息管理系统需要把物流信息从一个子系统传送到另一个子系统，或者从一个部门传送到另一个部门，或者从一个组织传送到另一个组织。目前，信息的传递从技术实现的角度来看并不是一件困难的事情，但是考虑到组织对电子商务信息传递的要求，信息传递的完美实现并不是一项简单的工作。在信息的传递过程中，物流信息管理系统的管理者与计划者必须充分考虑所需要传递的信息种类、数量、频率、可靠性、真实性要求等因素。

(四)信息处理

为了使信息的最终应用能够达到预期的目的，电子商务物流信息管理系统就必须对获得的数据和信息进行相应的处理。随着科学技术的发展，信息管理系统能够完成的任务也越来越多样化，信息处理的范围、方法和要求也比之前宽泛了很多。

三、电子商务物流信息系统的功能模块

一般来说，物流管理信息系统包括物品管理子系统、配送管理子系统、运输与调度管理子系统、客户服务子系统、财务管理子系统、人力资源管理子系统、质量管理子系统等，如图 5-1 所示。

(一)物品管理子系统

物品管理子系统是物流管理信息系统的重要组成部分．它可以使企业物品仓库的管理全面信息化。物品管理子系统主要包括采购计划管理、采购合同管理、物品出入库管理、物品进销存查询等功能模块(如图 5-2 所示)，主要负责从物品的采购计划、审

批、物品的国内外采购合同、合同执行情况的跟踪反馈,到物品到货入库、物品发货、结算与统计等业务的调度管理。

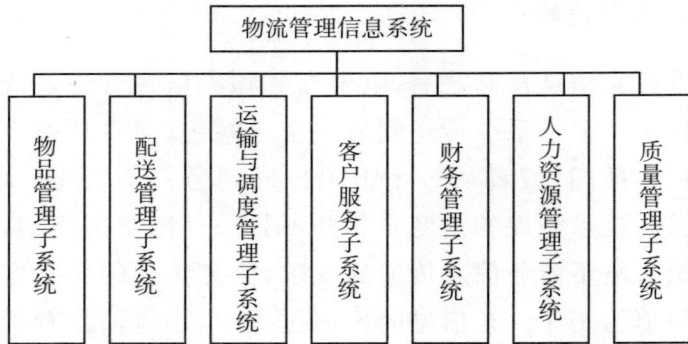

图 5-1　电子商务物流信息管理系统的基本构成

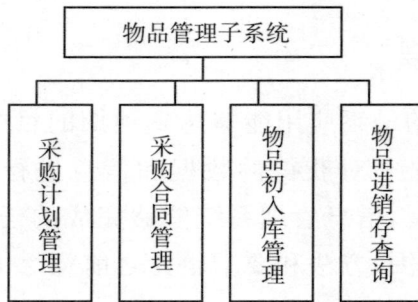

图 5-2　物品管理子系统

(二)配送管理子系统

　　配送是企业物流活动中一种特殊的形式,同时配送活动还具有很强的综合性。在配送过程中,企业组织要通过备货、分拣、配送、配装、运输等活动达到将客户所需物品按时送达指定地点的最终目的。配送管理子系统的主要功能就是对企业的货物配送环节进行调度管理。一般来说,企业的配送管理活动主要包括备货管理、配送加工管理、分拣配货管理、配装管理、配送运输管理和送达服务等功能模块,如图 5-3 所示。

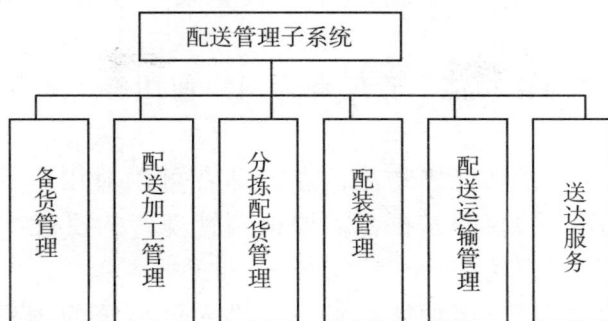

图 5-3　配送管理子系统

(三)运输与调度管理子系统

运输与调度管理子系统主要涉及的物流领域是运输任务的产生、各种单据的生成和传输、运输过程的跟踪管理、运费的结算以及相关信息的查询等。一般来说,企业运输调度管理的主要任务包括运输任务产生、运输过程管理、服务结算、运输跟踪和运输信息查询等,如图 5-4 所示。

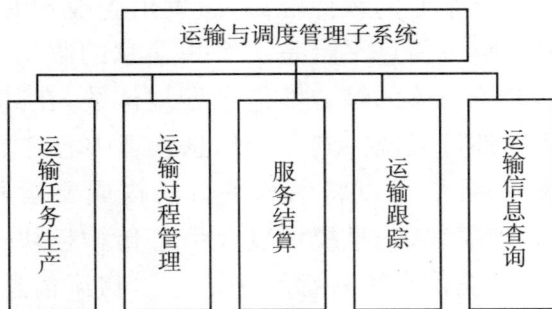

图 5-4　运输与调度管理子系统

四、电子商务物流信息管理系统的控制

在物流业务发生过程中,伴随着物流产生数据流。在数据的发生过程中,有许多相对固定的数据很少需要维护,这些将作为基础资料。另外,作为系统,还需要设置某些权限,来对某些操作进行限制。

(1)安全加密功能。管理者为用户使用整个系统进行认证管理。

(2)权限设置功能。物流信息管理者可以对用户的权限进行控制,每个用户的权限发掘都需要得到管理者的授权。

(3)代码管理功能。

(4)用户信息反馈功能。每一个进入该系统的用户都能够通过系统向管理者反馈一些重要的物流信息。

第三节　电子商务物流管理信息平台的构建

一、物流信息平台内涵与特征

物流信息平台是一个新兴的软件工程学概念,这一平台创立的初衷是为了整合企业的软件资源,激发出企业现有软件资源的最大利用效率。物流信息平台是一个集信息的收集、整理、分析、发布、交流、反馈于一体的综合性信息处理体统,在其支持下企业的各种物流活动都可以统一到一个信息管理中心之下。

简单地来说,我们可以将信息平台的构成要素分为四个,即信息源、信息处理模块、信息模块以及信息传输模块,这四个要素缺少任何一点,企业信息平台都无法成立。物流信息平台是一种现代化的交易手段,在其基础之上发展起来的电子商务取得了巨大的成果,并且已经成了未来经济发展的一个重要趋势。

信息平台的特性主要表现在目的性、层次性、相关性和整体性四方面,其具体内容如下。

(一)目的性

目的性是企业建立信息平台的一个重要特性,因为信息平台建立的目的是统一于企业最高目标之下的,这种目的性是保证平台运作方向不偏离企业目标的基本保障,帮助企业将其经营目标顺利完成。

(二)层次性

综合性信息管理平台是一个十分复杂的管理系统,除了需要具备扎实专业知识的员工进行管理外,还需要对信息平台的工作流程和组建结构进行层次清晰的划分。信息平台的这种层次性规划,实质上是根据企业管理的需要进行划分的,因为这更符合应用便利这一基本原则,通常来说信息平台的组建结构如图 5-5 所示。

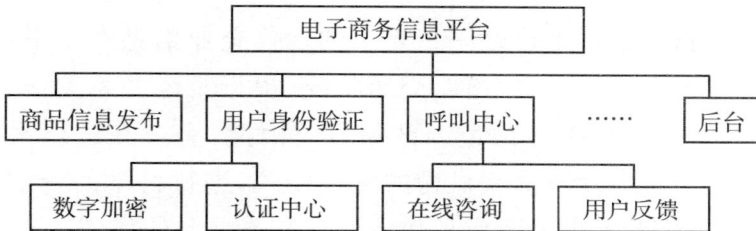

```
                    电子商务信息平台
          ┌──────────┬──────────┬────────┬──────┐
      商品信息发布  用户身份验证  呼叫中心   ……    后台
                ┌────┴────┐      ┌────┴────┐
             数字加密  认证中心  在线咨询  用户反馈
```

图 5-5　企业电子商务信息平台结构

(三)相关性

物流信息平台的相关性主要是从信息资源在平台本身具有的共享性和开放性考虑的。无论是信息平台运行的基本流程还是保证其正常运作的技术支持,都可以保证平台这一特性的实现。通常来说,企业物流管理者会将信息平台加工处理过的各种信息作为自己决策的基本依据,而信息平台处理产生的各种数据资料也确实可以帮助企业物流管理人员能够最大效率的提高企业物流管理的效率。

(四)整体性

信息平台从功能行为来说是企业管理的一个公用辅助设施,

并不是企业为了某一领域的生产或管理专门设立的,企业的任何部门都可以通过这一系统获取自己需要的信息。为了保证信息平台能够为企业的每一个部门服务,信息平台的组建必须从企业整体需求出发,尽量做到资源的共享。

二、物流公共信息平台构建的原则

平台功能的实现需要平台的构建者科学的设置平台结构,保证信息管理和交流的效率,为了实现这些基本目标需要遵守以下几个原则。

(一)积极建设与充分整合相结合

企业物流信息平台是一个复杂的现代企业信息共享平台,涉及的内容十分广泛,比如道路交通状况、银行及海关相关信息、商检、税务等政府相关部门最新政策等。因此,企业在进行平台架构时必须要考虑现有这些机构的管理模式,进行科学的资源整合与利用,充分发挥出电子商务物流信息交流平台的作用。

(二)前瞻性与阶段性相结合

无论是企业的技术,还是需求都是在不断变化之中,因此企业在进行电子商务物流信息平台的建设时,应该考虑系统未来的应用情况,保证企业的决策具有必要的前瞻性,充分考虑到未来的技术发展方向和需求变化,根据这种变化趋势科学地进行信息平台的构建。

(三)标准化与可扩展性相结合

在电子商务物流的发展之中,第三方物流已经趁着东风逐渐发展起来,未来还会有更多的物流形式发展出来。物流系统设计要充分考虑到这方面的发展,预留一定的接口,以适应未来物流形势发展的需要。

(四)先进性与安全性相结合

物流信息平台承载着各种各样的物流基础数据信息和物流交易信息,直接服务于众多物流企业,在采用先进技术的同时也要保证系统运行时的稳定与安全。

三、物流信息平台的功能

物流信息平台的功能我们可以从总体功能和基本功能两个方面入手进行分析和介绍。

总体功能:企业电子物流信息平台存在的意义和宗旨就是为企业服务,在为企业提供各种服务的过程中,要满足企业发展对信息的需求,不断提高企业的物流经营和管理效率。

基本功能:企业物流信息平台具有收集信息、整理信息、分析信息、发布信息等基本功能,平台本身具有的这些基本功能可以实现其在服务中的综合信息服务、异构数据交换、物流业务交易支持、货物跟踪、行业应用托管服务等基本功能,具体如图 5-6 所示。

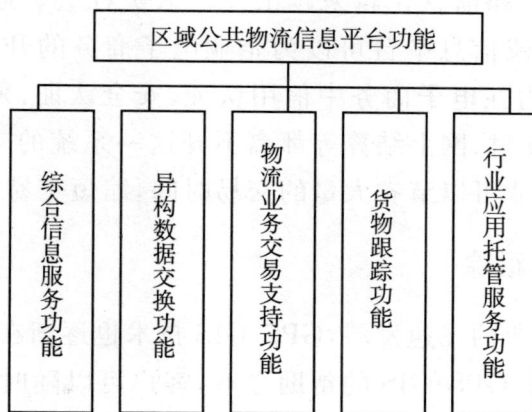

图 5-6 物流信息平台的基本功能

(一)综合信息服务

综合信息服务平台可以为不同的企业部门和物流供应链中的多个主体提供信息供给和交流服务,在其作用之下不同部门、不同企业之间会以最高的合作效率展开企业的物流活动。在信息平台上,使用者可以获得货物的运输情况、货物仓储情况,并可以完成信息发布以及查询等工作。

(二)异构数据交换

数据交换是信息平台的基本功能,也是实现信息共享的前提条件,但是有时候平台数据的交换会因为双方数据格式、规范的不统一而产生障碍。因此企业在搭建信息平台的过程中,要对各个模块接收和处理数据的格式和规范进行统一,并建立起科学统一的公共信息的标准化操作流程,比如信息采集规范、信息处理规范、信息发布规范等。

(三)物流业务交易支持

物流信息交流平台是以电子化、数据化的信息处理方式为基础,适应数据化和信息化越来越浓厚的人类社会。通常来说,企业通过构建物流信息平台可以为企业电子商务的开展提供强有力的支持,因为在电子商务中信用认证、安全认证、采购招标、电子订单、快捷支付、网上结算等都离不开这一系统的支持,并且在其帮助之下企业可以节省大量的交易时间,缩短交易周期。

(四)货物跟踪

随着物流业的飞速发展,GPS/GIS 技术也逐渐在物流产业中得到了应用,在 GPS/GIS 的帮助之下,客户可以随时了解货物运输、仓储等状况,商品销售者可以随时查看商品的销售状况以及顾客的反馈信息。一般来说,企业的物流信息管理如果要引进 GPS/GIS 技术和设备,需要向服务供应商购买终端,将其安装在运输货物的交通工具之上。

(五)行业应用托管服务

公共物流信息平台无论是对大企业还是对中小企业都具有很好的辅助作用。对大型企业而言,信息交流平台为其与客户、合作伙伴之间的沟通提供了高效地交流手段;对中小型企业而言,信息管理和交流系统承担起了为其提供物流信息的职责。我国众多中小型物流企业规模小,无力投资完善的信息系统,导致整体服务质量不高,造成地方产业升级困难,物流成本高等现象。不同类型、不同规模的企业通过这一应用服务平台,可以最大限度地提升自身物流管理和运作的效率,保证企业物流的高效性。

四、物流信息平台的开发实施步骤

(一)可行性研究

企业电子商务物流信息平台的建设是建立在必要的分析和研究之上的,不具备可行性的开发实施是不可能取得成功的。一般来说,信息平台的构建者为了保证平台建设实施的可行性,会从以下几个方面入手对建造方案进行全面细致的分析和考评。

1. 明确任务

从信息平台开发的角度出发,平台的设计人员必须保证平台的功能设计能够对企业发展目标的实现提供帮助和支持。这一功能的实行,需要平台的构建者在平台设计过程中明确平台建设的基本任务,并以此为核心对信息系统进行科学的规划和设计。

2. 现有资源调查

信息平台的建设是一个耗时长、工作量大的工作,企业需要耗费大量的人力和物力,因此科学利用企业现有资源,节省平台建造成本是企业在平台建设过程中应该考虑的一个问题。一般来说,企业需要调查的资源包括,企业现有计算机设备、现行供货渠道以及 GPS、GIS 安装运用状况等。

3. 提出方案

企业信息平台的建设方案的提出是建立在我们对企业现有资源的充分调查和研究之上的,对企业状况的调查和研究可以保证企业信息系统的设计能在最大限度上满足各个部门和物流管理环节的信息需求。

4. 可行性分析

信息系统建设方案的可行性分析是企业信息系统建设能够顺利施行的保证。在可行性分析中,方案设计人员应该充分考虑企业环境、企业经营状况等基本要素。

(二)系统分析

系统分析包括需求调查、数据分析、功能分析等部分。

1. 需求调查

需求调查是保证企业的信息交流平台能够最大程度发挥自身作用,并且为企业物流管理的各个部门、物流供应链中的合作企业以及物流管理的各个环节提供足够决策支持的需要。另外,需求调查和分析也是企业合理设置信息平台结构、优化信息平台功能组合的需要。

2. 数据分析

数据分析就是对建设方案设计人员在企业需求和企业现状调查过程中获得的大量数据进行整理、分类、汇总、分析和归纳。在分析过程中可以采用数据流图、数据字典法、对比法、数据直方图法、曲线演示法等多种处理手段,根据分析结果最终设计出一套经济、适用的设计方案。

3. 功能分析

企业进行企业物流活动数据的分析，最基本的目的是对这些数据进行整理而后划分，同时也是为了便于将电子商务信息管理系统的各个模块进行功能分类。可以说企业的这些数据是信息系统功能模块设计时的原始依据。

(三)开发需求分析

企业电子商务物流信息系统设计在各部分设计之前都要进行开发需求的设计和分析，具体的内容和要求如表 5-1 所示。

表 5-1　目标系统的需求分析

目标系统的限制	性能	响应时间限制：实时性、连贯性 资源利用情况：硬件匹配限制系统精度、质量
	可靠性	有效性、完整性
	安全保密性	安全、保密要求
	运行限制	权限管理、访问量控制
	物理限制	规模、处理能力等

无论是技术上的设计还是功能结构上的安排，企业对物流信息系统的设计都是为了实现我们上面所描述的几个目的。对物流信息系统进行需求的分析，首先要根据信息平台的逻辑模型建立信息平台的物理模型，即根据目标平台逻辑功能的要求，考虑信息平台的规模、复杂程度等实际条件，确定系统的实施方案。物流信息系统的系统设计包括功能模块设计、命令代码设计、信息的输入输出设计、数据库设计、可靠性设计、安全性设计等几个方面。企业物流信息系统的完整开发过程如图 5-7 所示。

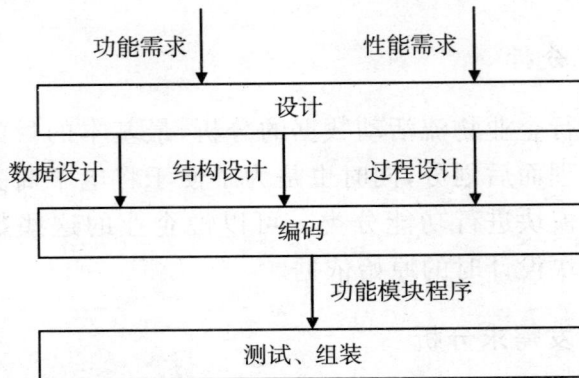

图 5-7　信息系统的开发过程

1. 模块设计

模块是整个信息平台能实现其基本功能的基本保障,也是首次针对信息平台内部进行层次分解。模块设计和划分实质是从完成功能角度将信息平台进行功能区域的划分,并根据企业的技术能力,信息收集的难度、数量等企业的具体实际,确定采取何种方式调用不同模块之间的数据流,并对整个物流信息平台的功能管理进行控制。

2. 代码设计

代码是整个物流信息平台的技术基础,信息平台的设计开发者应该充分结合企业的具体实际确定编码的对象、名称、目的、使用范围、数量、编码方法、编码构成等内容,为平台功能的实现提供保障。

3. 输入输出设计

输入输出设计即人机界面设计,它包括方法的选择、设备的选择、格式设计以及有效性检测等。对于这一层次的设计,信息平台的设计和开发人员应该主要注重两点:

(1)提供友善的人机交互界面,使用户容易接受。

(2)对非法输入数据的过滤,即输入数据的有效性检测,尽量过滤掉不符合规定格式的数据。

企业要把握住这两个基本原则对物流信息平台的输入和输出进行设计,这样不仅可以保证用户在使用平台时在视觉上的美好体验,还可以保证平台信息查询的有效性,从而减少很多不必要的查询,这对应对网络堵塞,提高整个信息平台的性能具有十分重要的作用。

4. 数据库设计

Web 数据库设计具有极强的专业性,没有扎实专业知识和专业技能很难完成这项工作。Web 数据库虽然属于数据库设计的一种,但是基于互联网条件下的数据库设计与一般性的数据库设计有比较大的差别。互联网的引入使得 Web 数据库必须能够实现快速更新、快速响应,并且具有较大的流量承载能力。出于这些特殊的要求,Web 数据库的管理和设计人员应该做好充分的准备,满足这些设计需求,并保证数据库的稳定性以及可靠性不受影响。

5. 可靠性、安全性设计

可靠性和安全性也是企业信息平台设计的一个基本要求。我们这里所说的安全性和可靠性主要是指存储在数据库的数据信息要做好备份,并保证这些数据不被外泄。

(四)系统构建

1. 软硬件准备

软硬件准备包括软件准备和硬件准备两个部分。硬件准备主要包括中央主机、数据转换器、计算机等,这些硬件设备组成了信息平台的运行基础。软件设备主要包括系统软件、开发信息平台所需的工具软件等,这些软件既是进行信息平台建设和开发的基础,也是信息平台实现其基本功能的基础。

2. 程序设计

在程序设计中,我们必须要对平台建立之后的设备维护、软件升级等工作进行充分的考虑,所以,为了保证后期维护工作的条理性,在程序设计的过程中一定要有层次、有逻辑。

3. 系统测试

信息平台软件测试也是信息平台建设不可缺少的一个环节。平台构建完成后并不能马上投入使用,而是需要经过一系列专业、可靠的测试后才能真正投入使用。这是因为,刚刚构建起来的信息平台无论是在硬件组装还是在软件安装上都可能会存在一些问题,如果不解决这些问题可能会对信息平台的正常使用和可靠性造成影响。

(五)系统维护

在物流信息平台构建的过程中,最后一个阶段是对平台定期进行维护。想要延长某个东西的使用寿命,就必须要对其进行定期维护,物流信息平台也是这样。物流信息平台维护的过程主要包括网页的维护、网页的更新、网站升级等内容。需要注意的是,对物流系统的更新需要遵守一定的原则,即不干扰信息平台正常运行,然后才可以针对平台中较为落后的内容及时进行更新。当信息平台出现问题时,要尽量缩短排除故障的时间,降低用户受到的影响。

第六章　电子商务物流与大数据技术

当前,大数据是推动电子商务物流发展的一种新技术,对于物流技术的发展来说具有重要的意义。从物流企业的层面看,物流企业要顺应形势的需要,根据企业的实力,合理应用大数据,以推动企业业务的发展需要。

第一节　大数据概述

一、大数据产生的历史背景

随着信息时代的到来,各种数据围绕在我们身边,大数据时代即将到来。其实早在 1890 年,就已经开始有处理数据的方法出现,其产生背景如表 6-1 所示。

表 6-1　大数据产生的历史背景

时间	事件
1890 年	美国统计学家赫尔曼·霍尔瑞斯为了统计这一年的人口普查数据,发明了一台电动器来读取卡片上的数据。该设备让美国用一年时间就完成了原本耗时 8 年的人口普查活动,由此在全球范围内引发了数据处理的新纪元
1961 年	刚成立 9 年的美国国家安全局(NSA)就是已拥有超过 12000 名密码学家的情报机构,在间谍饱和的冷战年代,面对超量信息,开始采用计算机自动收集处理信号情报,并努力将仓库内积压的模拟磁盘信息进行数字化处理。仅 1961 年 7 月份,该机构就收到了 17000 卷磁带

续表

时间	事件
2009 年 5 月	美国政府推出 data.gov 网站,作为政府开放数据计划的部分举措。该网站拥有超过 4.45 万的数据量集,被用于保证一些网站和智能手机应用程序来跟踪从航班到产品召回,再到特定区域内失业率的信息,这一行动激发了从肯尼亚到英国范围内的政府们相继推出类似举措
2011 年 2 月	扫描两亿年的页面信息,或 4GB 磁盘存储,只需几秒即可完成。同时,IBM 的沃森计算机系统在智力竞赛节目《危险边缘》中打败了两名人类挑战者,后来《纽约时报》称这一刻为一个"大数据计算的胜利"
2011 年	英国《自然》杂志曾出版专刊指出,倘若能够更有效地组织和使用大数据,人类将得到更多的机会发挥科学技术,对社会发展有巨大的推动作用
2012 年 3 月	美国政府报告要求每个联邦机构都要有一个"大数据"的策略,作为回应。奥巴马政府宣布了一项耗资两亿美元的大数据研究与发展项目
2012 年 7 月	美国国务卿希拉里·克林顿宣布了一个名为"数据 2X"的公私合营企业,用来收集统计世界各地的妇女和女童在经济、政治和社会地位方面的信息

在过去的 50 多年,IT 产业已经经历过几轮新兴和重叠的技术浪潮(图 6-1)。这里面的每一波浪潮都是由新兴的 IT 供应商主导的,他们改变了已有的秩序,重新定义了已有的计算机规范,并为进入新时代铺平了道路。

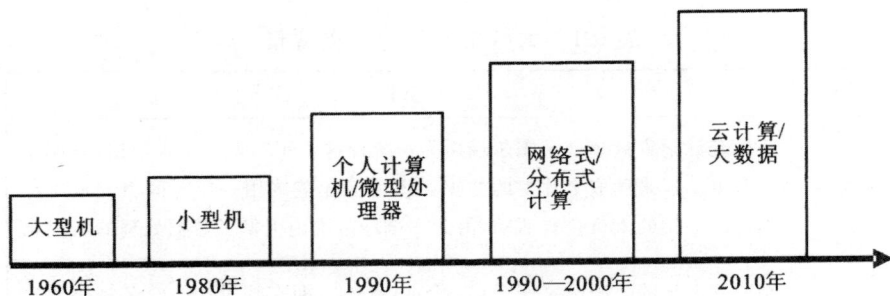

图 6-1 IT 产业的发展浪潮

用户手中的手机和移动设备是使得数据量爆炸的一个重要原因,目前,全球用户拥有约 50 亿台手机,其中 20 亿台为智能电话,这相当于 20 世纪 80 年代 20 亿台 IBM 的大型机掌握在消费者手中。

可以说,"大数据"是"数据化"趋势下的必然产物。数据化的一个最核心的理念是:"一切都被记录,一切都被数字化",它带来了两个重大的变化:一是数据量的爆炸性剧增,最近两年所产生的数据量等同于 2015 年以前整个人类文明产生的数据量总和;二是数据来源的极大丰富,形成了多源异构的数据形态,其中非结构化数据所占比重逐年增大。①

二、大数据的内涵与特征

(一)大数据的内涵

大数据是传统信息与数字信息的集合,代表持续发现和分析的源头。一些人将大数据的定义限制为数据量输入(如网络行为及社交网站互动),但现代研究者一致认为不可将传统数据排除在外。这些传统数据多来自产品交易信息、财务记录、互动渠道信息(如呼叫中心和销售点的相关信息)。与呈现爆炸式增长的电子数据相比,传统数据的数量少了很多,却也是大数据的一部分。

世界顶级咨询企业高德纳用数量、速度和多样性定义大数据,其具体的内涵如下所示。

1. 数量

数量是指数据的数量大,其中包括传统和非传统数据。大数据几乎无所不包,就连小商店老板手中的交易记录、销售频率也是它的组成部分。如果我们现在将这些传统交易数据与小商店老板的微博主页信息进行有机整合,将整合后的信息再与其他店

---

① 苏高.大数据时代的营销与商业分析[M].北京:中国铁道出版社,2014,第 3 页.

主的微博主页数据联系起来,我们就会得到 100 太字节的数据,相当于每天上传至微博的信息总量。该数据是相当惊人的,如果将 100 太字节数据量化成歌曲数目,应当是 3300 万首歌,这是微博每日接收的上传总量。而这仅仅是微博一个社交平台产生的数据量。

2. 速度

速度是指信息产生及流入企业的快速程度。很多分析家都试图解释为何数据会以惊人的、爆炸式的速度迅猛增长。国际数据企业曾预言:2020 年,全球每年将产生 40 泽字节的新数据,世界数据数量将以每两年翻一番的速度飞快增加。

3. 多样性

多样性指企业及营销团队可得到的各类数据:传感器数据、短消息数据以及网站点击流数据等。数据类型种类繁多,并且不断增加,让原本错综混乱的数据毛球变得更加错杂。需要注意的是:市场营销本身既是数据的终端用户,也是大数据的生产者。《Teradata 全球数据驱动型营销调查报告(2013 年)》表明,只有 18% 的营销人员对目标受众持有单一看法。促进和优化大数据营销机遇绝非易事,任重而道远。

(二)大数据的特征

如今,全球存储的数据数量正在急剧增长,数据量大是大数据的一致特征。在 2000 年,全球存储了 800000 拍字节的数据。预计到 2020 年,这一数字会达到 35 泽字节。单单 QQ 每天就会生成超过 7 太字节的数据,微博为 10 太字节,一些企业在一年中每一天的每一小时就会产生数个太字节的数据。

就传统 IT 企业来看,其结构化和非结构化的数据增长也是惊人的。2005 年企业存储的结构化数据为 4 艾字节,到 2015 年增至 29 艾字节,年复合增长率逾 20%。非结构化数据发展更猛,

2005 年为 22 艾字节,2015 年增至 1600 艾字节,年复合增长率约60％,远远快于摩尔定律。

　　由于数据自身的复杂性,作为一个必然的结果,处理大数据的首选方法就是在并行计算的环境中进行大规模并行处理(Massively Parallel Processing,简称 MPP)。这使得同时发生的并行摄取、并行数据装载和分析成为可能。实际上,大多数的大数据都是非结构化或者是半结构化的,这需要不同的技术和工具来处理和分析。

　　大数据的结构就体现了它最突出的特征(表 6-2),显示了几种不同数据结构类型数据的增长趋势。据悉,未来数据增长的80％～90％将来自于不是结构化的数据类型(包括半非结构化、准非结构化和非结构化数据)。

表 6-2　数据增长日益趋向非结构化

结构化进程	数据内容	举例
结构化	包括预定义的数据类型、格式和结构的数据	事务性数据和联机分析处理
半结构化	具有可识别的模式并有可以解析的文本数据文件	自描述和具有定义模式的 XML 数据文件
"准"结构化	具有不规则数据格式的文本数据,通过使用工具可以使之格式化	包含不一致的数据值和格式的网站点击数据
非结构化	没有固定结构的数据,通常将其保存成不同类型的文档	TXT 文本文档、PDF 文档、图像和视频

(三)大数据类型

1. 结构化数据

　　结构化数据即行数据,存储在数据库里,可以用二维表结构来逻辑表达实现的数据。甲骨文、微软都有这样的数据库管理,用以分析和研究,如数字、符号等信息。

231

2. 半结构化数据

所谓半结构化数据,就是介于完全结构化数据(如关系型数据库、面向对象数据库中的数据)和完全无结构的数据(如声音、图像文件等)之间的数据,HTML 文档就属于半结构化数据。它一般是自描述的,数据的结构和内容混在一起,没有明显的区分。这种数据包括电子邮件、办公处理文档,以及许多存储在 Web 上的信息,半结构化数据是基于内容的,可以被搜索。

3. 非结构化数据

相对于结构化数据而言,不方便用数据库二维逻辑表来表现的数据即称为非结构化数据,包括所有格式的办公文档、文本、图片、标准通用标记语言下的子集 XML、HTML、各类报表、图像和音频/视频信息等,包括图像音频和视频等可以被感知的信息,以及全文文本、图像、声音、影视、超媒体等信息。非结构化数据,顾名思义,是存储在文件系统的信息,而不是数据库。

据统计,企业中 20% 的数据是结构化的,80% 是非结构化或半结构化的。结构化数据的增长率大概是 32%,而非结构化数据的增长率则是 63%。并且,今后非结构化数据占有比例还将继续增加。

这些非结构化数据的产生往往伴随着社交网络、移动计算和传感器等新的渠道和技术的不断涌现和应用,企业用以分析的数据越全面,分析的结果就越接近于真实。大数据分析意味着企业能够从这些新的数据中获取新的洞察力,并将其与已知业务的各个细节相融合。

三、大数据管理的发展趋势

据国外媒体报道,云计算管理公司 Adaptive Computing 最近发表了它对 2014 年未来计算和大数据分析的主要预测。这些预测包含一些新兴趋势,如云计算的冲突、高性能计算和大数据等。这些趋势将加快企业从数据中提取见解的方式。

(一)大数据分析流程将更加自动化

调查显示,84%接受调查的机构都有分析大数据的人工流程。人工的方法耗费时间,通常导致利用率不高和竖井式的计算环境。这就说明了为什么90%的机构受访者从更好的分析流程或者工作流中会得到更好的满意度。为更有效地处理模拟和数据分析,更多的机构将实现自动化的工作流、最大限度降低成本和减少容易产生错误的人工工作。

(二)更有效的大数据分析将增加收入来源

市场研究公司 Gartner 在 2014 年 1 月发表的题为"用户调查分析:提高效率降低成本是做出新技术解决方案决策之王"的研究报告称,移动性、大数据和分析对于机构来说比社交网络更重要。这与 Gartner 最近对厂商进行的调查结果是一致的。在这项调查中,2015 个提供商表示,大数据分析产生的收入是社交网络产生的收入的三倍。预测称,通过提高效率、减少内部成本和启用新的业务模式,大数据分析将产生更多的收入。

(三)企业将合并计算资源以便提供更好的大数据解决方案

据调查,91%的机构认为大数据、高性能计算或者云计算将出现一些合并。预测称,随着云计算、高性能计算和大数据之间的冲突日益激烈,投资能够编排和优化数据中心资源的软件的机构将获得竞争优势。这种软件将通过同时编排在多个计算平台上的计算工作提高利用率。

(四)更多机构将把高性能计算作为大数据解决方案

据调查,44%的机构使用高性能计算作为大数据解决方案。随着高性能计算硬件成本继续下降,高性能计算将成为包括中型企业在内更多的机构可获得的大数据解决方案。

（五）大数据工作流的数量和复杂性将开始更大规模地影响到企业

调查显示,72％的接受采访的机构认为工作流程会影响其业务。这是因为企业建立不同类型的数据集和数据库以及每一项工作所需要的相应的应用的复杂性。在没有实现自动化的情况下运行计算和数据密集型的大数据工作流程容易引起阻塞和延迟出现结果。预测称,更多地以自动化工作流程为重点将消除阻塞和帮助从大数据中提取关键的信息,加速了解业务的内部情况。

第二节　大数据对电子商务物流管理的影响

现在创造的黄金时代,创新技术不断涌现、成熟和聚集,进而改变了产品设计与生产。过去那个只有硬件、受传统生产方式制约的时代已经不复存在,取而代之的是全新的软件与数据时代。物联网使得生产企业可以通过传感器获取实时数据,跟踪产品部件,监测机器、软件,并指导、更新企业运营流程。

一、推动数字化工厂的发展

（一）变革性技术

根据 IBM 的最新调查,如今,正在改变制造的 3 种最主要的新兴技术是 3D 打印、新一代智能机器人与开源硬件。笔者认为,上述 3 种技术虽然都具有各自的变革性,但若将三者结合在一起并运用大数据分析法,其变革的威力将会成倍增长。

正如我们所知,三大潮流之一的 3D 打印技术将会改变生产。这种技术与喷墨、激光打印机所用的技术相似,将如塑料、金属等材料层层储存,然后一层一层打印,直到目标成形。这意味着我们只需要按一下按钮,就能让软件设计创造实物。这种技术不仅使得桌面生产成为可能,而且也不需要企业实现规模经济。几年之前,3D打印机只是应用在工作室的样品设计上,如今却逐渐成为生产线上的重要工具。它能够为生产带来灵活性,而且如果它能够与实时需求数据结合,便会改变整个生产环节。

三大潮流之二是新一代的智能机器人。过去的机器人安装程序极其复杂,单单是初期的组装每台就大约需要25万美元,普通生产商根本无法支付。而新一代智能机器人的成本仅仅需要2.5万美元,整个组装过程在一天之内即可完成。如今,即使是小型企业也可以进行高效率、高效益的自动化生产,这真是完全出乎意料的事情。若能够将这一技术与大数据算法结合,企业拥有超级生产能力的梦想的实现则指日可待。

三大潮流之三的开源硬件是一种电子或计算机硬件,这种硬件是根据原本具有专属权的设计信息建立的。如今,企业可以利用包括参考资料、原理图、构造详图、部件列表与逻辑设计在内的各类免费信息。企业会利用这些信息来设计产品,而不需要再启动逆向工程。以前,只有业余爱好者与小微企业才能利用这些资料,而如今,这些资料在硬件设计上得到了广泛应用。不管是机械系统还是网络设备,例如,个人电脑、电脑外围设备、电信的各种部件等,许多产品设计都可以让所有人使用。

试想一下,将这些技术与大数据分析法结合起来会产生多大的作用?这些技术结合起来能够使生产环节不再受来自塑造模型、预订零部件、更新机器配置等过程的限制,而是通过软件就可以操作各个流程。这被称之为"软件定义的供应链",即由大数据分析法驱动而成为一条数字化的供应链。

（二）传感器驱动的运营

将产品开发与之前的产品数据（例如,订单数据、机器性能等）作为输入,运用先进的计算方法,生产商能够建立起数字化的生产流程模型。这种包括机器、人力、设备在内的数字化工厂能够用来设计、模拟非常高效的生产系统,并可以根据某种产品进行设备布局与流程安排。许多先进的汽车生产商都应用这种技术来优化新工厂的生产流程,其重要意义在于它能够摆脱依靠人工进行生产时会遇到包括企业产能、劳动力在内的各种无法想象的限制。

例如,英国石油公司(BP)位于华盛顿布莱恩的切里波因特炼油厂(Cherry Point Oil Refinery)就是利用先进的传感器监测技术来提高产品质量的典范。管理者运用大数据分析法监测可能会对油管造成损害的石油的腐蚀性。该企业利用不同的传感器,获取了大量信息以弥补由于集中的运营活动(例如噪声、温度、振动)而产生的"数据模糊"。这些传感器的运作过程为:企业将无线传感器安装在整个工厂以获取大量的实时数据,但高温与电子设备会影响传感器读数。然而,从有线、无线传感器获取的大量数据可以弥补这点不足,这是由于它们增加了传感器读数频率与数量。英国石油公司通过不断测量油管上的压力,发现了一些较一般原油腐蚀性更强的原油。如果不使用大数据分析法,英国石油公司是无法了解这一点的。

二、整合供应链物流系统

(一)整合客户服务

客户服务是物流环节的最终目标,要求企业运送完美订单,这需要物流环节的所有活动都能够协同合作。客户服务可以定义为"一门管理所有客户界面的元素,将其整合进一个预先裁定的成本节约组合中的、客户导向的哲学。"

如今的顾客期望企业提供给他们完美订单。最起码,完美订单应该满足货物完整运送(以"订单完成百分比"来衡量)、运送无误(以"订单准确率"来衡量)、运送准时(以"准时运送百分比"来衡量）。这就产生了一个重要的问题,顾客所指的"准时"到底意味着什么? 最新潮流是以最迟第二天送达为标准。然而,越来越多的零售商正在以当天运达作为准时的标准,有一些商家甚至在个别地区提供了一小时内运达的服务。

这就是问题所在。这种高品质的服务会带来高昂的成本。具备多渠道运输能力的零售商能够提供一小时内运达的服务,并直接从实体店供货。然而,这仅仅限于个别地区,同时成本也很高。正是由于这一原因,企业应该向自身提出两个问题:第一,是否所有的顾客都提出了第二天送达的服务要求;第二,提供高水平的客户服务是否有必要?

对于一些市场分区而言,这些问题的回答是肯定的。但是,更多的顾客会由于运费打折而更倾向于延迟运货。向顾客提供多种选择能够使运营更为灵活,帮助解决订单需求、平衡人员分配等问题。同时,减少第二天运达的服务要求,哪怕只是减少到48 小时运达,都能够大大地减少资金投入,富余的劳动力也可以用来提高货物处理能力。

数据分析可以识别顾客需要何种类型的客户服务。微分区使用软件应用与数据分析展示出每个市场分区中消费者最多的销售需求,能够分辨出这种高水平客户服务对哪些顾客是必需的,并为这类分区配置资金,而不是将其无差别地平均分配。这为企业提供了更好的成本判别方式。

(二)提升交通运输效率

交通运输是物流环节一项主要的活动,是指将产品从产地运送到顾客手中。交通运输通常是物流环节中成本最高的部分,因而必须进行更高效的管理。交通运输所做的决策包括选择不同的运输方式——空运、铁路、水运、管道运输、汽车运输或者联合运输。联合运输是最常见的选择,需要同时用到几种不同的运输方式。空运速度最快,但价格高昂,载重量有限;水运和铁路价格最低但速度最慢;管道运输则有地理限制。交通运输的决策还涉及具体路线的选定,遵守当地、州、联邦交通管制条例,以及注意国内国际的运输管理要求。大数据应用能够优化运输组合,满足多种标准。这些标准包括运输时间、速度、运量、安全性、成本以及许多其他方面的标准,甚至包括减少碳足迹。

1. 智能化路线优化

大数据分析在交通领域的一项重要应用就是路线优化,在特定的条件下挑选最佳路线。智能化路线优化是基于数码地图和实时交通信息进行的,这也是最为广泛的一项应用。这项应用加载了全球定位系统定位的远程信息处理系统,能够报告远距离位置以确定最佳路线。该应用还能够优化燃料消耗,进行预防维修,优化司机行为及车辆路线。应用从始点到终点所做的路线分析可以大大节约交通成本,提高效率,加强车队和资源分配管理。

另一类更为先进的导航系统收集实时交通信息,包括交通事故、路面工程以及拥堵地区等信息。此外,它还会提供兴趣点和天气的实时更新数据。还有一些系统不仅会向司机提出避免拥堵的路线建议,还会将地点和行车信息反馈给服务中心,建立信息的环形流动以提供更为准确的行车建议和导航服务。

2. 自动化远程信息处理系统

如今,大多数的运输工具都加载了基于全球定位系统的远程信息处理仪器,这些仪器为驾驶员提供了驾驶行为、不同条件下的行驶速度、交通以及耗油情况等信息。这类系统还有传感和控制功能,例如,它们能够提醒司机何时需要维修车辆或何时需要升级软件,还能够通过展开的安全气囊定位发生紧急情况的车辆。

大家可能知道物流公司是如何在预防性维护中使用数据的,但是他们还在其他许多物流领域应用了地点定位数据,其车辆能够适应任何传感器、无线组件以及全球定位系统,这些技术都能用来收集数据。收集来的数据流向总部,在那里通过算法对引擎故障和日常维护进行预测,同时提供实时交通状况。通过数据还能对任何车辆进行定位,在运输发生延迟时,这种功能显得尤为重要。公司利用这些数据指导司机,仔细检查其行驶状况以优化路线,还能加强安全,提高效率,例如,数据分析能够辨识出通过十字路口最少的路线。

(三)优化仓储管理

传统上,仓库的作用是为商品提供储存空间,负责商品的运出与运入。商品通过汽车或者铁路运输运送至仓库卸货,堆放在仓库中,顾客的订单一旦到达,就从储存点提取货物,这一过程称为"订单提取"。然后通过汽车或铁路运输装载,运送给顾客。

现在,仓库越来越多地成为提供多种库存组合,满足顾客需求的场所。其目标是加快并扩展货物流动,减少长时间囤积。事实上,企业并不鼓励长时间地存储商品,因为这样既不能增加商品价值,也不能降低成本和损耗。仓库作为一个控制中心,在商品运达消费者前对其进行储存和管理,因此,仓库也经常被称作配货中心。

仓库或配货中心在供应链中意义重大,它保证了商品无论是在运入还是运出都能高效完成,比如说,在实行准时化生产和精益化生产的制造型企业中,仓库常常设在工厂附近,为生产及时提供原料支持。与此同时,仓库还可以用来设计商品组合,为顾客运输货物。一个战略性定位的中心管理仓库,能够充分利用经过整合的交通运输,将产品经过筛选整理,提供给特定的顾客。除了以上所提到的种种作用,仓库越来越多地承担起了过去由生产或零售部门完成的任务,包括零件维修、往衣钩上挂衣服并将其卷起来运送到零售门店,为产品贴商标和标签。大数据帮助企业优化了这些决策。

1. 劳动力的使用

劳动力是仓储中最大的成本支出,负责提取和包装商品。对于与顾客点对点的订单,这一方面的问题尤为重要,也产生了最大的劳动力成本。劳动力中最耗费时间的部分是通勤,仓库通常很大,工人们在货物间来回步行或骑车是最浪费时间的活动之一。大数据分析能够建立原料处理方案,减少通行时间,例如,设计最短步行距离的取货路线。大数据分析所设计的取货模型和区域划分能够在满足订单的同时优化取货路线。这些都大大地提高了劳动力效率,改善了仓库库存管理。

2. 原料处理

仓库管理的另一项挑战是原料处理,涉及商品流动的方方面面,包括工厂或仓库中的原材料、进程内库存和成品。原料处理的目标是尽可能地减少处理,减少通行距离,减少进程中的商品。与此同时,高效的原料管理应该提供统一的无堵塞的货物流动,将浪费、损坏、腐坏和偷窃的可能性降至最低。

处理每个商品都会产生成本,由于处理过程并没有为产品增加价值,因此必须尽可能地将成本降至最低。单位价值低的商品,原料处理和总成本之比会高得惊人。应用数据分析可以优化这一过程,通过对原料流动和路线设计的细致分析,这些应用能够帮助企业节省巨额开支。

3. 数据分析解决方案

如今,仓库管理系统变得越来越精细化,这与制定方案的大数据分析应用是分不开的。这些软件应用利用所需信息对仓库内的原料流动进行管理控制,支持其日常运作。仓库管理系统程序提供记录库存量和储存方位这类中央管理,既能独立办公,又能作为企业资源管理系统的一部分进行管理。

早期的仓库管理系统只能完成简单的存储定位指令,目前,仓库管理系统应用程序日趋完善和数据化,有时甚至需要一支高素质的团队进行运作。高端系统还可能包括追踪和路线设计技术,如射频识别技术和发票认证技术。许多系统能够在多个全球仓库体系间协调库存及销售。这种技术帮助销售人员了解全球库存,通过其 iPhone 屏幕输入指令或管理仓库。

大数据参与改变仓库运营的另一个领域是自动化原料处理系统。这类系统实现了数字驱动的自动化,提高了准确性和效率,使得企业能够更加轻松地调整库存。

三、提升产品销售工作品质

(一)优化产品定价

从根本上来讲,优化定价是使用数据分析为各个配货渠道及市场制定最佳价格的方法。以往的定价环节往往是一种艺术而不是科学,管理者常常根据灵感、判断力和经验来完成定价,促销和减价也是通过这种方式来决定何种商品降价,降价幅度是多少。然而,这些传统方法在数据分析方法计算出的结果面前就会显得苍白无力。美国的埃森哲咨询公司曾经进行过一项调查,该调查显示使用传统方法的零售商,在季末超过 1/3 的零售商都损失了至少 1/10 的销售额,一些商家甚至损失了 1/4 的销售额。相比而言,使用优化定价商家的销售额都取得了巨幅增长。该调查对纽约区超市 D'Agostino 使用优化定价系统后的销售情况进行了跟踪,结果显示该超市年毛利增长了 16.1%,年净利润增加了 54.2%。

这一系统的分析部分其实并不新颖。实际上,利润优化模型问世已达十几年。网络公司 Priceline.com 很早就为航班座位和宾馆房间定价使用了利润优化系统。如今,许多数据源都可以用于实时优化定价决策。销售和价格方面的客户数据逐渐趋于个性化,计算机能力逐渐提高,这些都能够为商家带来更多视角。价格优化软件收集销售点的信息以及店内季节销售的数据,用以预测供应量,为每个商店或特定地点制定需求曲线组。需求曲线能够显示价格敏感度最低或最高的产品,其他程序利用这些需求曲线,把所得到的数据提供给零售商,分析促销活动,评估销售增长来源以及任何可能产生的成本。

例证反复证明了优化价格能够提高销售量和边际利润。大多数统计结果表明,这是数据分析对营业额的最低影响。事实上,优化价格的投资回报通常会达到 20%。然而,优化定价往往需要大量的先期投资,这是中小企业采用优化定价的第一个障碍。另一个障碍是,优化定价要发挥出最佳效果,必须结合其他类型的分析手段,如推销优化,包括货架容量和商品组合管理。目前,众多企业正朝着这一方向努力,优化总体营销组合,以获取最大利益。

(二)优化市场推销模式

推销是市场营销中另一个重要组成部分,大数据分析已经深入影响并改变了这一领域。推销的本质是提供多种产品供顾客选购,产品的展示风格能够引起消费者的兴趣,刺激消费者的购买欲望。大数据分析主要从两个方面影响推销。

一方面,商品组合优化主要基于当地人口特征、购买意愿以及其他因素,决定产品投放的门店。这类决策不仅会影响销售量,而且对供应链管理也会产生重大影响。供应链管理是足够的产品能够运送到准确位置的保证,没有供应链管理,门店将无货可售。

影响推销的另一方面是货架容量分配。企业通过收集零售商店的顾客信息,观察顾客行为,例如,观察哪种产品在视觉上能够吸引消费者或者引起消费者的不满,进而逐渐了解哪种推销方式能够最大化销售额。

推销要使所供给的产品拥有足够的吸引力,大数据分析是如何帮助其做到这一点的呢?

产品库存、货架空间及其摆放一直是零售商的重要资源,他们会不遗余力地争夺诸如前段展台等最佳货架区域。现在,大数据分析可以用来确定何种推销方式能够达到最高销售额和最高利润。企业收集的那些顾客行为数据,包括店内行为分析,都能够为货架摆放提供绝佳的参考。

传统上,商品组合及货架空间优化都是季节性活动。随着商家越来越重视货架空间的利用,其间的竞争也愈演愈烈,这一活动正在逐渐演变为全年持续不断的活动。过去,制造商作为零售先导者,常常亲自进行空间优化。如今,这一活动已经演变为零售商和主要供货商的协作工作。当加入了零售库存管理等高新技术后,这种协作变得尤为明显。有了电子制图工具 CAD 的帮助,货架图的绘制越来越电子化。然而,只有应用了优化技术,货架图和门店布局对利益的影响才会真正显现出来。全自动货架制图器使用优化技术在货架空间和商品组合之间做出取舍,找出最佳的展示方式。

如今,数据分析工具能够分析出不同商品组合的影响、购物者在门店内的偏好及其对定价和促销的反馈。这些新型工具能够总结出每个品牌和库存单位对利润的贡献率,甚至分析同型装配效应。这种技术的早期使用者已经将其应用到微观领域,从品牌、包装及货物大小等各个角度来优化产品组合。更多的企业也将其应用到宏观门店布局,如空间分配,再将其整合进微观分析之中。

(三)推动地点营销模式的发展

在销售环节中,基于地点的市场营销是大数据分析一项新颖而发展迅速的应用,其利用移动设备等获取个人方位数据,实时对消费者做出反馈。这一技术能够识别靠近门店或已处于门店内部的消费者。例如,当顾客走近门店时,商家会向顾客的智能手机发送产品推荐。事实上,调查显示,超过半数的用户正在使用或计划使用其智能手机进行移动购物。

全球定位的发展正处于信息爆炸期。早期人们通过个人信用卡支付来获取位置信息。这类位置信息与在销售点终端机上刷卡时显示的个人信息相连,然而,销售点终端机往往是固定在某个地点上的。全球定位系统这样的技术进步则能够帮助我们快速定位像智能手机这样的微小事物,且误差不超过十几米,还能够实时地将个人或移动设备的位置确定在几个街区范围内。

地理导向的移动广告是企业应用个人地点信息最常用的方式之一。顾客同意接收地理导向广告后,当他或她接近门店时就会收到专属广告,以及饭店或咖啡店提供的优惠券。此类广告似乎比电视或者纸质广告等传统形式更加吸引人。其原因是,在消费者做消费决策的时候,专属广告刚好出现。大数据分析在这一领域的应用日新月异,企业在这方面的投资也方兴未艾。

个人地理位置数据在理解消费者行为方面有着重要价值。全球定位系统和射频识别两种技术都可以用来追踪消费者以确定其购买模式。虽然两者都不甚完美,但是却各有各的优点。例如,全球定位系统的信号往往不能穿透建筑物,企业需要使用其他技术进行辅助。在这方面,在购物车上装置标签的射频识别就是一个不错的选择。如今,射频识别标签物美价廉,记录准确,能够帮助企业实时观测消费者在店内的行动。而射频识别的一个重要缺陷是它仅仅追踪购物车而不是消费者个人,顾客往往在购物时将购物车留在过道里,这导致射频识别常常会提供错误信息。

另一个选择是监控摄像头,这是了解总体店内状况的绝佳信息源。然而,如果要观察个体消费者,这种方式操作起来十分困难。这一领域对于理解消费者行为十分重要,新兴科技也正在不断完善。

单纯收集消费者位置信息能够向商家提供步行密度数据,即消费者稠密地区,还能够提供详细视角,显示消费者在何处停留以仔细观察某个特定的商品展示。这类数据可以用于研究促销与广告反馈,并将结果与产品购买信息、顾客人口信息、历史购买记录相结合。其中的详细信息能够帮助企业提供更好的产品、更好的商品组合和推销策略更好的门店布局等。

第三节　基于大数据的电子商务
物流新技术研究

　　从上文来看,大数据为企业竞争创造了基础。在大数据环境下,企业的常规问题得到更加优化的解决。对于电子商务物流来说,企业可以将数据优势通过统筹转化为竞争优势。所谓集中统筹就是通过一个三步走的战略:分区、联合与评估(后文简称SAM技术框架)。SAM框架为大数据物流的智能发展提供了路线图(图 6-2),形成了下述 3 个步骤。

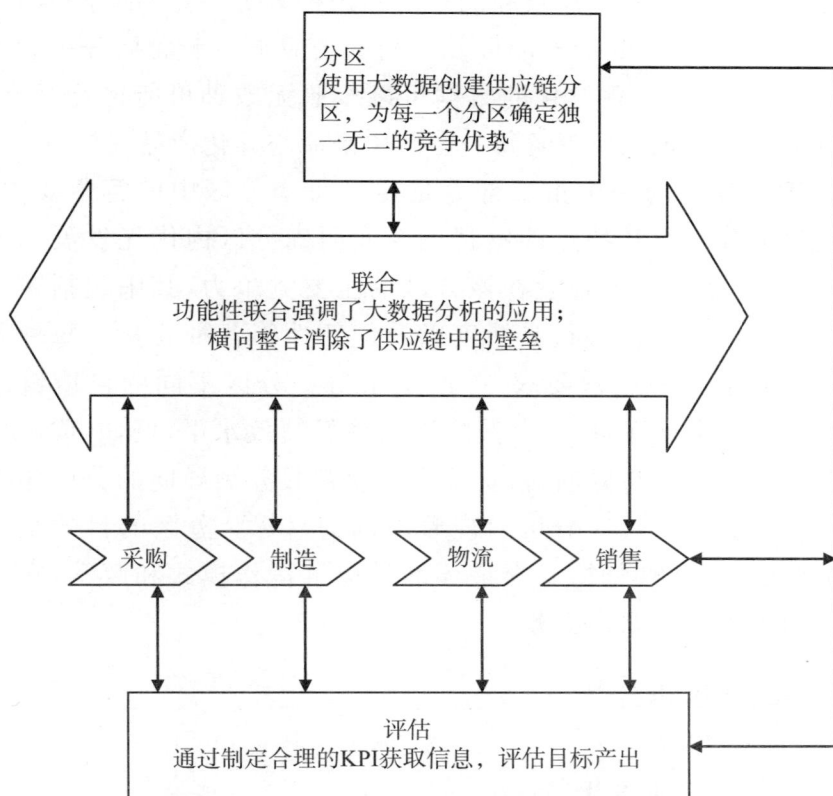

图 6-2　SAM 路线图

一、分区及分区拆分

(一)分区

分区:根据明确的特点优化供应链分区。

SAM 路线图的第一步是在供应链中最重要的活动处集中应用数据分析,避免公司在浩繁的工作中大海捞针,在多种关系中失去方向。

通过分析人口信息、消费者购物模型及购物行为特点,对顾客进行分区和分析,这种做法已经存在了几十年。分区将目标市场按照消费者的共同需求和优先产品进行划分,每个部分利用不同的供应渠道、不同的产品以及不同的供应链。大数据分析大大扩展了数据规模,颗粒化的数据可以按照无数种可能进行组合,为微分区的实现以及理解每一分区中潮流与异化产品提供可能。

建立分区的一个重要部分是定义每一分区中的竞争要项。明确每一分区及其特点能够帮助企业明确分区内优先发展的产品,这些产品决定了企业在该分区的主要竞争力,其中包括客户服务、成本、质量、时间、灵活度以及创新性等各种要素。每种要素对应着不同的运营要求,并产生了每一分区不同的供应链结构、供应商、交通运输、运营策略以及最低绩效水平,例如,成本导向的供应链分区与以创新、质量或者顾客服务为导向的分区相比就会大相径庭。每一分区对应着不同的目标。分区的目的是在保证商业策略的同时,寻求最佳的供应链运作模式和政策,在规定时间内为每位顾客服务。

(二)分区拆分

1. 标准化的终结

大数据分析终结了标准化的时代。市场分区意味着在市场高度分化的情况下,为市场每一个可能的方面提供相应的产品。在零售业,数据分析应用在进行所谓的"聚类分析"——这种统计工具已经使用了几十年,然而,大数据分析将其提升到了新的高度。这种分析方法依照多种特点将门店划分到称之为"类"的不同组别,通过应用软件为每一类门店设计最佳的推销与零售方案。

数据分析还能够用于改善产品,使其适合不同的门店或者门店类别。将人口信息、当地消费者购物习惯等一系列特点都考虑在内,这一过程称为本土化。通过本土化,分析应用程序能够为门店设计最佳经营策略,包括产品组合、定价、门店布局、促销手段甚至员工人数。

在零售业,这种变化更是大势所趋。简单来说,企业深知消费者对产品的需求、促销手段以及门店布局的影响会因地理、顾客特点的差异而有所不同。过去,标准化是企业一个经济实惠的立足点,因为它可以使得企业实现规模经济。然而,大数据分析改变了这一切,企业可以通过数据分析尽可能地推动本土化进程,并将成本降低。毋庸置疑,其结果是销量上升,利润提高。

2. 集中竞争

市场分区的一个重要方面就是为每个分区找出其竞争要项,这也是企业在该分区的主要竞争方式。深入了解分区可以帮助企业更清楚地定义分区中的竞争要项,其中包括客户服务、成本、质量、时间、灵活度、创新性等,这些竞争要项分别对应着不同的运营要求。之前曾经提到过,不同的竞争要项需要不同的供应链结构、供应商选择、交通模式和绩效水平来支持。市场分区能帮助企业调整其供应链,以适应不同资产组合、不同分区中消费者不同的需求。SAM 路线图的这一步骤将数据分析重点放在了供应链中最重要的活动之中,使企业不至于大海捞针或沉浸在烦琐的关系之中。

举个例子,对于一个以低成本为竞争优势的企业来说,其初步数据分析不应该集中在提高像消费者忠诚度或者消费者关系管理方面。原因很简单，分析活动与竞争要项不对应，同时，低成本企业普遍具有较低的边际利润，不太可能负担得起信息与数据分析所需要的人才和技术等基础设施。对于这类企业来说，由于其关注低成本，将数据分析应用在供应链和定价方面往往更符合逻辑。

同样地，一个面向高端市场，仅有几家门店的零售商也不应该将其首要的数据分析重点放在供应链和场地选择方面。考虑到这类企业的竞争要项，他们更应该关注顾客导向的要素。企业应该用竞争要项决定其数据分析的焦点，这一点至关重要。

企业能够应用的数据分析工具种类十分广泛，决策者必须了解哪种工具适合企业的哪种策略或者组织能力，不可能对每一种可能的选择都一视同仁。优秀企业所进行的大数据分析都是有侧重点的，要想成功，企业就必须细化分析，使其适应自身的企业策略、商业模式或组织能力。

电子零售商百思买应用大数据分析来进行明确的市场分区和定位，及其竞争要项。公司利用这些数据来安排适合每一地区的门店布局、产品组合及服务方式。分区导向的定位方法同样适用于门店经理和门店人员的培训，指导他们如何更好地服务该地区的顾客。百思买目前正在更大的区域中进行以人口信息和购物行为数据为基础的门店本土化计划。

几十年前，沃尔玛明确供应链分析是其成功的基础，分析工具帮助其完成了一项艰巨的任务：在保持高供货量的同时降低成本。沃尔玛对数据分析的应用之一是选址分析，该公司共有 2500 余家超市和 600 余家山姆会员门店，因而优化选址十分关键。目前，除了选址应用之外，沃尔玛还用数据分析研究顾客行为，构建顾客需求。

利用"大数据"分析进行市场分区和消费者分区并不仅仅局限于零售业。诸如保险公司、信用卡发行公司这类依靠风险评估获利情况的企业多年来也一直在利用"大数据"分析进行市场划分。事实上,前进保险公司的整个价值定位就是利用"大数据"分析划分消费者来优化保险险种及定价。此外,市场分区还能够将整个社交网络涵盖进来,而不仅仅是人口因素。易趣就利用了社交网络理论划分社交群,利用其中的信息进行广告定向投放。首先,公司利用在线跟踪技术确定在其网站上消费的顾客;然后,利用软件分析社交网站上的数据,找出其定位的消费者与其他网民的联系,利用信息记录程序等装置对这些顾客进行标识,在适当的时间节点向其投放广告。

二、联合与战略联合

(一)联合

联合:联合各方最大限度地发挥分区的特点。

企业与整个供应链的合作避免了分散行动。有策略地进行功能性联合能够驱动数据分析的应用,而不是分散行动,减弱竞争优势。如果没有联合,那我们收集的所有数据都不会形成竞争力。因此,联合的作用是避免分散行动。

联合意味着整合供应链中的各项步骤。优秀企业利用预测分析消除客户关系管理、供应链的销售环节与平衡供求的运作、步骤和物流之间的界限。在这一过程中,大数据功不可没,因为它能够帮助分析需求并驱动其他供应链决策,例如,福特汽车公司利用大数据分析进行供应链上的合作,在其应用程序 For Direct 提供的平台上,消费者、交易商和生产者能够实时共享信息,了解交通信息、管理库存以及获得融资。这种信息共享实现了整个供应链上的整合与协调。

销售与运营计划程序对于企业级别的决策整合尤为适用,很多优秀的企业都使用了这一应用,其中包括保洁、默克公司(Merck)、好时等。这是一套商务管理程序,通过合作将供求双方联系起来,依靠数据与分析制定包括风险管理在内的跨职能供应链决策。整合也意味着在观测实时市场动态的基础上，将生产周期与消费者需求同步。如果没有将预测数据分析整合到销售与运营计划中，企业就可能面临供不应求或供过于求的状况。

(二)战略联合

分析应用程序需要与战略和竞争要项进行联合。联合为企业提供了计划、方向和发展重心。没有联合，大数据分析的投资就只能实现分散的效果。

英国零售巨头特易购是使用大数据分析整合整个供应链、发挥出自身最大潜力的典范。特易购使用其成功的顾客忠诚项目"会员卡"提供的数据进行大数据分析，并做出一系列决策，包括对消费者进行微分区，优化产品组合、定价和促销活动。基于数据分析，企业集中力量为分区服务，为特定地区定制门店布局，其服务遍及便利店和网上商店。通过这种行动，会员卡能够确定每一家门店的消费顾客及消费商品，并保证顾客能够在需要的时间和地点获得这些商品。

1. 供需匹配

供应链管理中最大的问题就是进行供需匹配，大数据分析尤其适合平衡供需。数据分析能够获取需求方面的信息，促进供应方做出供应链决策。

利用大数据分析匹配供需的典范行业是汽车产业。代理商提供的数据可以用于调整生产日程，避免过量的库存。同时，数据还能够将消费者与所供车辆相联系以满足顾客需求。过去，制造商在生产前就决定了汽车制造、模型和独特的舒适功能，成品直接运送给代理商。在此之前，顾客从未表达过自身喜好，这对制造商来说是一大风险。

大数据分析改变了这一切。它能够优化供求预测，分析产品选择、制造模型与顾客信息之间的关系。这些分析可用于联系代理商订单与生产日程，使消费者能够浏览所供车型，根据其喜好设计产品,评估价格。在汽车制造业,这种做法能够降低生产成本,降低货物积压风险,并提高顾客的满意度。

2. 整合预测

预测驱动了整个供应链,因此,预测对企业的各种职能都十分重要。销售额与需求预测推动了市场营销、企业运营和融资的改善,包括补货、推销、房产、预算甚至是人力资源的决策。更好的预测带来的益处包括更有效率的资源分配、更低的库存囤积、更快更准确的管理决策以及职能部门之间、总部与门店、供应商之间的进一步整合。

当企业拥有数以千计的不同产品时,供求预测是十分困难的。对于零售业来说更是如此,零售业的市场潮流和消费者喜好不断地变动,季节因素会影响需求;拥有数以千计的门店,不同的销售渠道,推销手段也会影响需求。零售业产生的大数据包含着丰富的信息,能够为企业提供关于需求方面更准确的视角。

过去,许多企业依靠人工预测。多种人工预测不仅浪费管理时间,预测的差异还会使得零售企业之间的整合运营和融资决策变得困难。过去,有许多不同团体或职能部门进行各自的预测以做出订单、人员、推销和预算决策。门店和区域做出自下而上的预测,企业层面则做出自上而下的预测。当然,这种预测往往会导致分歧,使得整合与绩效提高出现不同程度的困难。

如今,企业越来越多地采用了整合数据分析预测技术。许多企业将预测功能集中做出整合预测,同时也越来越多地采用自动化和统计性的预测方式,而不是直接推断,以做出包含多种结果的预测。除此之外,企业还寻求对整个供应链的订单预测进行整合的方式,从需求信号开始到配货中心和零售商贩,跨越一个很长的时间段,这为企业提供了一个贯穿组织和供应链的订单预测,它基于消费者需求,分时间段进行,而且更为准确。

现代预测分析工具能够进行跨企业职能的数百万种预测,并且可以垂直细化到门店的每日产品层面。这些预测工具能够根据管理权限为预测结果制定保密措施,还能够为节日等特殊场合进行预测,并将天气和促销列入考虑因素,进行时段性订单预测。

随着自动化统计预测技术的进一步发展,企业越来越多地依靠各种自动化统计预测工具制定决策。大数据分析为企业提供了前所未有的观测视角。然而,进行整合预测不仅仅需要科技的支持,还需要企业改变商业运作和组织角色。大多数企业都必须重新设计整合预测方式以使其适应中央式组织,不仅要保证预测能够在整个组织产生和运用,还要保证产生预测技术手段的合理使用。

毫无疑问,这些措施能够大幅提高企业预测能力,提供前所未有的可视度,然而,涉及中层管理者的中央式预测可能会产生政治问题。预测能够驱动商业决策,组织还需要保证这些改进了的预测能够与其催生的决策相联系,包括推销、供应链、融资、人力资源等环节的决策。如果不能将预测和决策进行联系,预测方面的改善将仍然是分散式的成就。

三、评估与评估标准

(一)评估

评估:设计策略性的联合关键绩效指标,以评估市场分区的特点。

正如彼得—德鲁克所说:"如果你不能评估一件事物,你就不能管理它"企业需要为其优化的对象寻找合适的算法。其实现可以通过应用供应链中成员普遍认同的策略性联合关键绩效指标,以及帮助企业不断完善的反馈机制。这些算法还应该对企业联合、整合以及企业间合作进行评估。同时,企业还应该利用数据分析寻找新的、更有意义的分析方法,这要以公司策略、核心竞争力和对商业价值观的理解为导向。大数据分析使新分析方法的发展成为可能,并为企业提供了更广阔的视野。

我们都听过标准化业绩衡量的口号："能评估的才是可行的""如果你不能评估结果，就不能分辨成功与失败""如果你不能认识成功，就不能从中汲取经验；如果你不能认识失败，就不能改正错误""如果你不能评估一样事物，就不能管理它，也不能对其进行改善"。这些口号或者说俗语的产生在于其揭示了商业管理中的一个真理，那就是评估绩效的重要性。

（二）评估标准

评估标准或称为关键绩效指标，是用于衡量企业业绩的量化指标。评估标准可以帮助企业进行绩效改善，使其将人力和资源重心放在重要的事情上；确定企业目前进行的行动是否正确；揭示企业优先发展的产品；为企业业绩、目标和决心提供一个视窗。

要想发挥出评估标准的最大功效，必须使其保持简洁。在这方面，企业经常犯的一个错误就是使用太多难以理解的评估标准。在大数据分析生成无数报告的当下，这种做法更是大错特错。数据分析生成的报告看起来也许十分震撼，但也可能导致没有人能够清楚企业绩效的确切情况。主管、经理以及所有员工都应该能够理解评估标准，了解其如何影响他们，以及企业对评估标准的使用有何期望。例如，说某种评估标准的目标是将每个月客户投诉的数量减少至 2 个，要比实现将其每个月减少 50％的目标更为清楚。企业往往会忽略这一沟通方面的因素，但它对于让员工理解企业的成功却是必不可少的。

使用评估标准进行评估的主要目的是衡量绩效水平，分析企业在什么地方正在发生什么样的事情。但是评估绩效的最大益处是指出问题所在，将企业的重心集中在创造最优绩效的行动上。

如果没有良好的评估标准或者关键绩效指标，企业可能会陷入一个常见的大数据困境，即"评估末节"。一旦企业陷入这种困境，就会想要对企业方方面面都进行评估，从而找不到重点。这一困境使人忙于面面兼顾，而能够获得的有效评估结果却少之又少。有效的绩效评估应该是指引企业管理的指南针,帮助企业获得各环节上有意义的、与企业目标有关的数据。

事实上,如果不能合理地评估,就很难进行改善,许多企业就关注了错误的绩效。将确实十分重要的行动作为企业重心,这一决策应该来自于制造企业的领导层。领导层能够指出企业改善的必要性,但是,除非对正确的绩效要素进行了评估和奖励,否则企业什么也改变不了。当今世界级的企业往往持续关注能够最终影响商业成功的要素,例如,订单—货运循环时间、吞吐量、库存量、运营成本以及顾客满意度。

不恰当的评估常常会导致管理者错误地做出回应,继续重复企业并不需要的做法。

例如,一家企业根据销售额制定市场营销策略,但是,运营管理却将减少库存作为重心。这两种动机不能匹配,即使运用大数据分析和整合分析预测也不能解决这一问题。随之而来的结果是导致顾客服务质量下降,或者是库存量过高。同样地,制定最低价格很重要,但要确保所需材料的供给以保证生产日程,满足消费者设定的期限更为重要。试想一下原材料短缺的实际成本,原材料最佳综合价值的体现是价格、质量、准时送货共同作用的结果,即多尺度模型。

保证整个企业树立正确的目标,向着正确的方向前进是十分艰巨的任务。通常情况下,管理者觉得其上级所认为重要的东西,无论是通过正式还是非正式的评估系统来评估,都是即将要完成的任务。人们会根据模型做出反应,因此选择正确的评估模型很重要,例如,如果高层管理者强调了降低库存的重要性,整个企业都会关注评估库存水平的模型而忽视顾客服务的影响。要知道当绩效评估系统没有明确的方向时,其本身就会导致错误的行动。

绩效评估的冲突常常会导致企业走向不同的道路,没有统一的期望,是不可能使整个企业走向统一的目标的。这使得重新制定业绩评估方式成为企业的当务之急。领导者必须努力引导整个企业关注正确的工作重心。世界级的企业已经认识到,有效的绩效管理需要将企业策略与日常活动相联系。但是,只有评估系统才能够推动绩效改善,促进企业不断做出正确回应,采取正确行动。

　　资金所得是最终的评估指标,但并不是企业成功的原因。事实上,金融评估往往是其他绩效评估的反映。企业若想进步,必须对这些绩效进行直接评估,它们才会产生最终的资金变化。

参考文献

[1]逯宇铎,鲁力群. 国际物流管理(第三版)[M].北京:机械工业出版社,2015.

[2]田肇云.现代物流管理[M].北京:机械工业出版社,2015.

[3]侯彦明.物流信息技术与管理[M].北京:中国物资出版社,2015.

[4]王欣兰,田海霞,徐素波.物流成本管理[M].北京:清华大学出版社;北京交通大学出版社,2015.

[5]谭红翔,余晓红.企业物流管理[M].北京:清华大学出版社;北京交通大学出版社,2008.

[6]张余华.现代物流管理(第 2 版)[M].北京:清华大学出版社,2010.

[7]张理.现代企业物流管理[M].北京:中国水利水电出版社,2005.

[8]隋鑫.企业物流管理[M].北京:中国物资出版社,2010.

[9]彭杨,吴承建.现代物流学概论[M].北京:中国物资出版社,2009.

[10]朱道立,龚国华,罗齐.物流和供应链管理[M].上海:复旦大学出版社,2001.

[11]海峰,胡娟.物流管理学[M].武汉:武汉大学出版社,2007.

[12]黄中鼎.现代物流管理[M].上海:复旦大学出版社,2006.

[13]李庆松.第三方物流论——理论分析比较与实证分析[M].北京:中国物资出版社,2005.

[14]刘胜春,李严峰.第三方物流[M].大连:东北财经大学出版社,2006.

[15]乔志强,冯夕文.物流管理概论[M].北京:经济科学出版社,2007.

[16]刘莉,徐玲玲.物流运输与组织管理[M].北京:化学工业出版社,2009.

[17]江少文.运输实务与管理[M].上海:上海交通大学出版社,2009.

[18]周跃进,陈国华.物流网络规划[M].北京:清华大学出版社,2008.

[19]施国洪,赵林度,李严锋.物流系统规划与设计[M].重庆:重庆大学出版社,2009.

[20]毛海军,张永.物流系统规划与设计[M].南京:东南大学出版社,2009.

[21]尤建新,朱岩梅,张艳霞.物流系统规划与设计[M].北京:清华大学出版社,2009.

[22]张志勇,徐广姝,张耀荔.物流系统运作管理[M].北京:清华大学出版社,2009.

[23]隽志才,孙宝凤.物流系统仿真[M].北京:电子工业出版社,2007.

[24]张晓萍,石伟,刘玉坤.物流系统仿真[M].北京:清华大学出版社,2008.

[25]蒋长兵,吴承健.现代物流理论与供应链管理实践[M].杭州:浙江大学出版社,2006.

[26]崔介何.企业物流[M].北京:中国物资出版社,2002.

[27]骆温平.第三方物流[M].上海:上海社会科学院出版社,2001.

[28]吴建.电子商务物流管理[M].北京:清华大学出版社,2009.

[29]杨凤祥.仓储管理实务[M].北京:电子工业出版社,2005.

[30]张永强.物流管理[M].北京:电子工业出版社,2006.

[31]祝凌曦,汪晓霞.电子商务物流管理[M].北京:人民邮电出版社,2008.

[32]谢芳.浅析供应链管理下的物流管理[J].技术与市场，2014(4).

[33]戴军.企业供应物流的界面管理探讨[J].商业时代，2011(5).

[34]陈瑞生.企业物流成本管理问题分析与对策研究[J].物流技术,2014(21).

[35]郭振宇.中国物流现状及改善建议（一）[J].物流技术与应用,2006(1).

[36]郭振宇.中国物流现状及改善建议（二）[J].物流技术与应用,2007(2).

[37]王红军.建立国际物流系统的几点建议[J].交通科技，2002(4).

[38]华蕊.区域物流与区域经济的关系[J].物流科技,2004(27).

[39]崔杰,沈辉.国际物流的现状[J].价值工程,2003(6).

[40]李兴旺.我国电子商务物流发展中存在的问题及对策探讨[J].科技信息,2009(7).

[41]Lee, H. L. , & Billington, C. The evolution of supply chain management models and practices at Hewlett-Packard[J]. Interfaces,1995(5).

[42]Zhou M C,Cesare F D. Parallel and Sequential Mutual exclusions for Petri Net Modeling of Manufacturing Systems with Shared Resources[J]. IEEE Trans. RA,1991(7).

[43]Stephan M Wagner,Roman Boutellier. Capabilities for mariaging a portfolio of supplier relationships[J]. Business Horizons,2002(12).

[44]Susanne Hertz,Monica Alfredsson. Strategic development of third party logistics providers[J]. Industrial Marketing Management,2003(2).